これがメンタリズムです

メンタリストになれる本

メンタリスト
DaiGo

幻冬舎

【メンタリズム】

科学・催眠・心理学、暗示や誘導話法を織り交ぜて、人の体や心を使ったさまざまなトリックやテクニックを駆使したパフォーマンスであり、「超常現象」を実現化するもの。

はじめに

不思議なものに対する興味は、ごく小さい頃からあった。

幼稚園の頃……、もしかするともっと前からあったかもしれない。

薬剤師だった母親が、子供でも危なくない薬品をときどき持ち帰ってくれたのをおぼえている。

中でもお気に入りはＢＴＢ溶液。ブロモチモールブルーという、液体のぺーハーによって色が変わる試薬を水で溶いたもの。

水は中性だから緑だけれど、そこにたとえばレモン汁を垂らした瞬間、酸性に変わり、透明だった水がパッと黄色に変わる。

アルカリ性の緑茶を入れると青色になる。

それが面白くて、ありとあらゆるものに入れていた。

どうして色が変わるのかと母親に聞くと、溶液が入った瞬間に周りのぺーハーに合わせて、ＢＴＢ溶液の構造がガチャッと変わるのだと、化学式を絵に描いて説明してくれた。

理屈は理解できないけれど、絵を見ると変わる過程がわかった気になる。

今でもおぼえているけれど、幼稚園では母のまねをして、よくクレヨンで構造式や化学式の絵を描いていた。

超能力やマジック、不思議な事柄に惹かれたのも、幼い頃のワクワクした気持ちに近いものを感じたから。

僕が初めてマジックを見たのは、大学のセンター試験が終わり、東大に落ちたことが明確になったとき。何もやる気が起きないなとテレビをつけたら、そこに映ったのは、年末に放送されたマジック特番の再放送。

トランプの束の真ん中に入れたカードが、指を鳴らすと一番上に上がってくるという演目を見て、今までになく興味を惹かれた。

暇だし、ひとつ解き明かしてやれと思って、退屈しのぎに録画したのが運のつき。

再生して見る。

わからない。

もう一度、見る。

やっぱりわからない。

スローにしても、わからない。

パソコンを引っ張り出してきて、動画を取りこみ、全部静止画に分解。

1枚ずつ見ていったけど、やっぱりわからなかった。


悔しくて家にあったスヌーピーのトランプで、あれこれ格闘していたら正式なやり方ではないものの、自分なりの方法を思い付いた。

人に見せ、驚いてくれたのが嬉しくて。以降、不思議を再生するパフォーマンスにどんどん魅せられていった。

人を魅了するのはとても楽しいことだと僕は知った。

それは、恋でもマジックでも。

やがて僕は、メンタリズムに出会うことになる。正直、僕はマジックなんか吹っ飛ぶくらいに、メンタリズムに魅了されたのである。

どうしてこんなことができるの？

どうやったら僕にもできるの？

どうしてこんなに惹き付けられるの？


僕はメンタリストになりたい、という夢を持ったのだ。

そして、今僕はメンタリストとしてあなたの前に立っている。

あなたはきっと、あのときの僕のように驚いた顔で僕を見ている。

その好奇心に応えるため。僕はここで、今までのパフォーマンスの裏側を、余すことなく、みなさんに伝えたいと思う。

無理だと思ったことを実現する。

人を魅了する。

メンタリズムというのは、実はそういう能力のことかもしれない。
そしてその能力は、技術と訓練で誰もが手に入れることができる。
だからあなたも、メンタリストになれるのだ。

2012年11月7日　DaiGo

CONTENTS

第1章 メンタリズムとは何か

第2章
人の心を惹きつけるメンタリズム

第3章
今日から始めるメンタリズム

第4章
夢をかなえるメンタリズム

これが
メンタリズム
です
メンタリストになれる本

装幀 ･････････････････････ bookwall
パフォーマンス写真 ･････････ 吉成大輔
本文扉／カバー写真 ･････････ 高橋 浩
画像処理 ････････････････ 久保千夏
構成 ･････････････････････ 有動敦子
ヘアメイク ･･････････････ 永瀬多壱（VANITÉS）
プロデュース･･････････････ 村山 淳（CALL³）

第1章
メンタリズムとは何か

僕のパフォーマンスを見た人たちは、「超能力？」「マジック？」とその裏側を知りたがる。けれど、答えはひとつ。「これがメンタリズムです」。この章では、メンタリズムが何なのかを、僕のパフォーマンスを通してお伝えします。

01 超能力を超えたフォーク曲げ

「フォーク曲げ」。それは今や僕の代名詞。

「あ、あのフォーク曲げしてる人」「フォーク曲げてみてください」

テレビやネットで僕のパフォーマンスを見た人は、必ずそう言う。

そして、曲がったフォークを見て、

「信じられない！」「うそー！」「超能力？」と驚く。

それもそのはず。僕は、見る人を驚かすために、フォークを曲げている。

なぜ驚かしたいか、ということは2章で説明をしますが、ひとつだけ伝えておきたいこと。それは、

「僕のフォーク曲げは超能力ではありません」

きっかけは、スプーン曲げ。

超能力者として名を馳せたスプーン曲げのユリ・ゲラー。彼のパフォーマンスによって、

超能力というイメージがついていたスプーン曲げというメタルベンディング。僕は、それを科学的なロジックに基づいて再現してみたいと思ったのだ。

あまのじゃくなので、スプーンではなくフォークを選んで。

従来の超能力者がゆっくり、おどろおどろしく曲げていったなら、素早くスタイリッシュに曲げよう。彼らは、超能力＝神秘の力と言っている。だったら、僕は科学の力だと言ってロジックで曲げよう。

僕はもちろん超能力者ではないし、最初はもちろん初心者なので、何度も何度も手も切った。でも、切ったところをテーピングしては、さらに曲げる。

僕は真面目なので誰にも負けたくないと思ったら、練習として1日100本前後のフォークを、苦とも思わず曲げていた。

「どうやったら曲がるのか」「どうしたらもっと華麗に曲げられるのか」

そして今。

「それ、やっぱり超能力でしょう?」、
い」などと言ってもらえるような、見た目にも

もちろん超能力なんかではない。

マジックでもない。

仕組みはあっても、タネはない。


事前にペンチを使って金属を柔らかくしておいたり、ベンダーと言われる肌色に塗られた金属を手に隠し持ち、それを金属にかませてねじったり曲げたりするのではなく、

「人間が持つ力だけですべて成立させなければ意味がない」

そんな理念に立って創り出した、最強の超能力再現パフォーマンスです。

「すべてはフォーク曲げから始まった」

フォーク曲げ

メンタリズムパフォーマンス①

なぜフォークは曲がるのか？

僕の代名詞でもある「フォーク曲げ」。どのようにフォークが曲がっていくか、その様子を連続写真で紹介します。テレビでもスローモーションは一切厳禁！　本書だけで初公開です。いつ、どのタイミングで、曲がるのか。じっくりと見ていってください。

■ テレビで僕がフォーク曲げのパフォーマンスをするときは、このページを見ながら、確認してみてください。

①お店で売られているフォーク

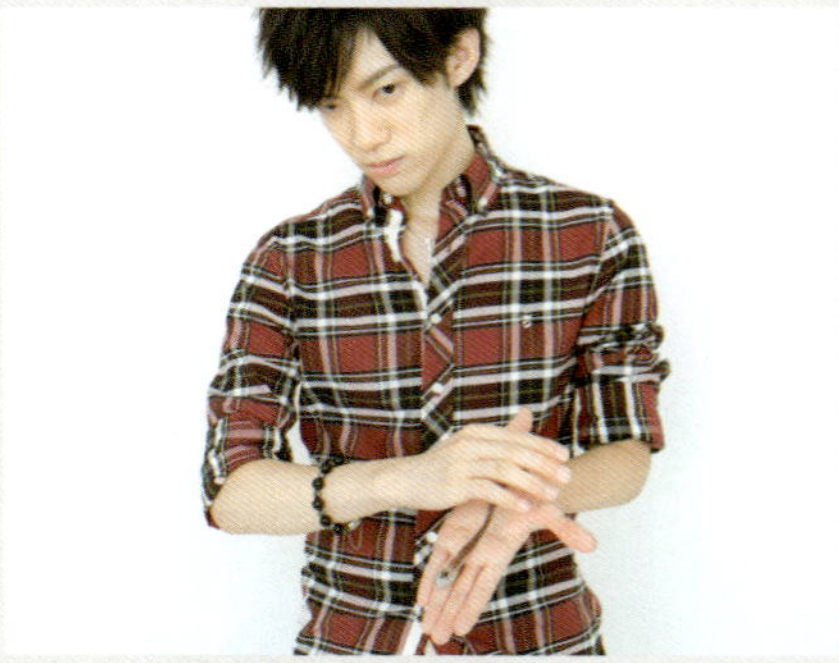

②手の上で少し

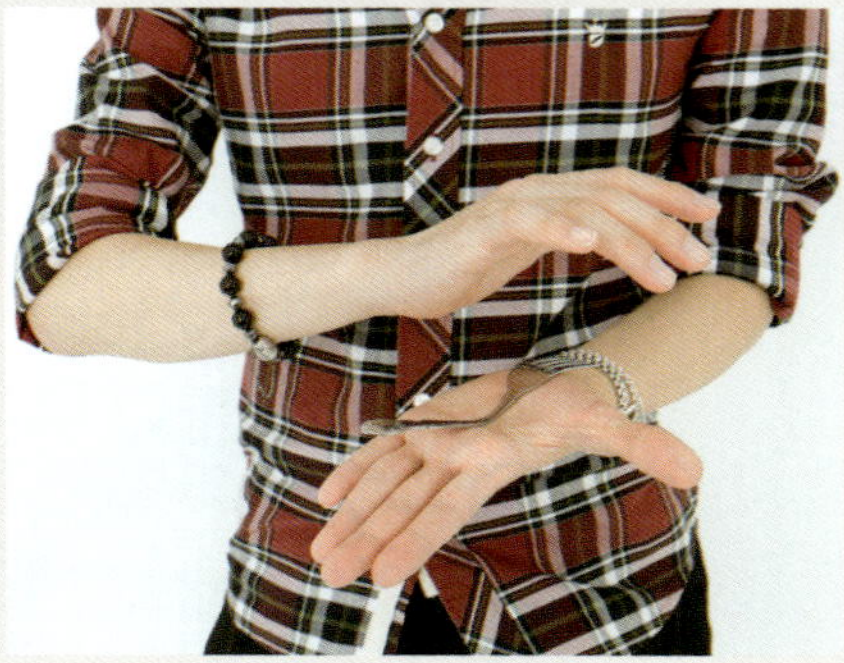

③曲げてみましょう

④比べてみるとよくわかります

⑤壁を押すイメージです

⑥

⑦

⑧

⑨フォークが押されて

⑩ゆっくりと直角に

⑪曲がっていきます

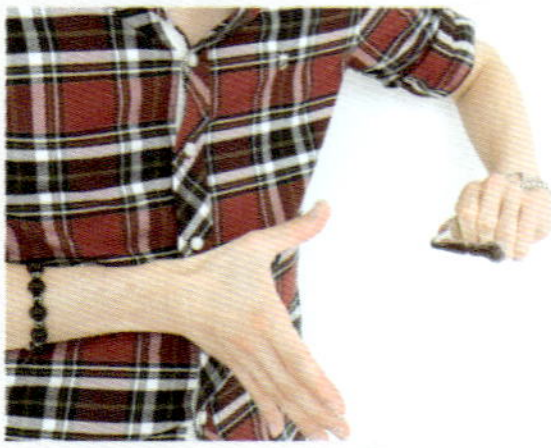
⑫

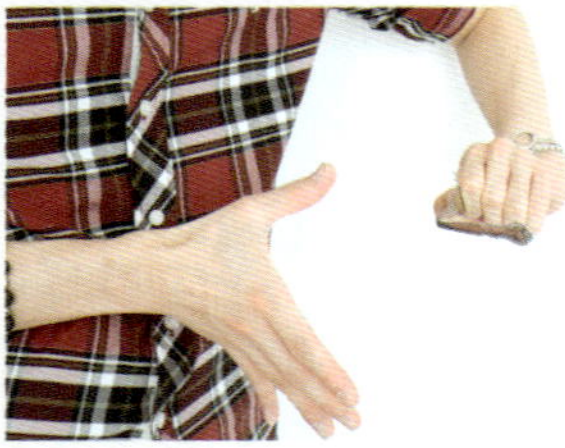
⑬

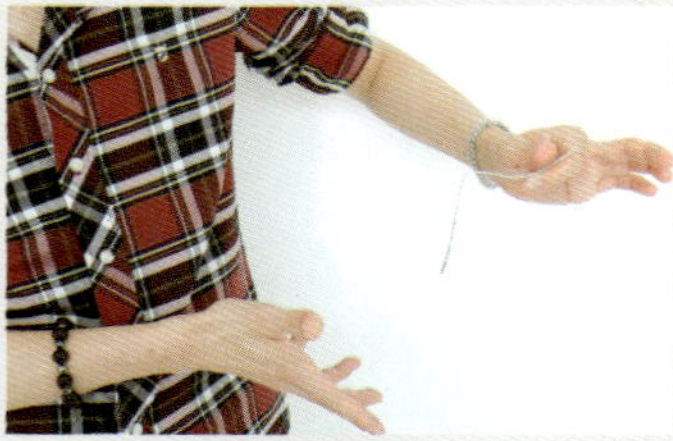
⑭

⑮

⑯ 90度近く曲がりました

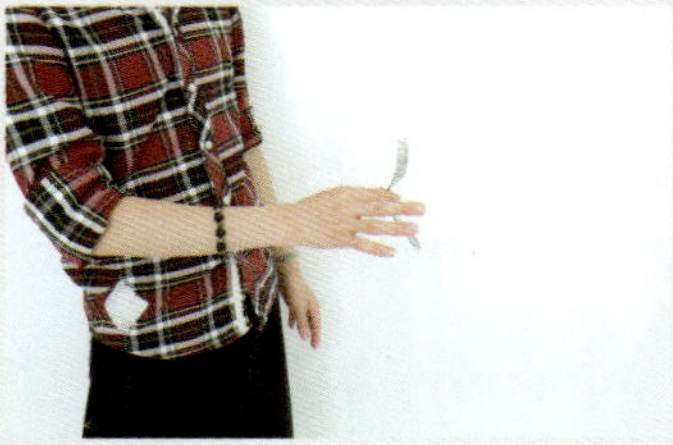
⑰

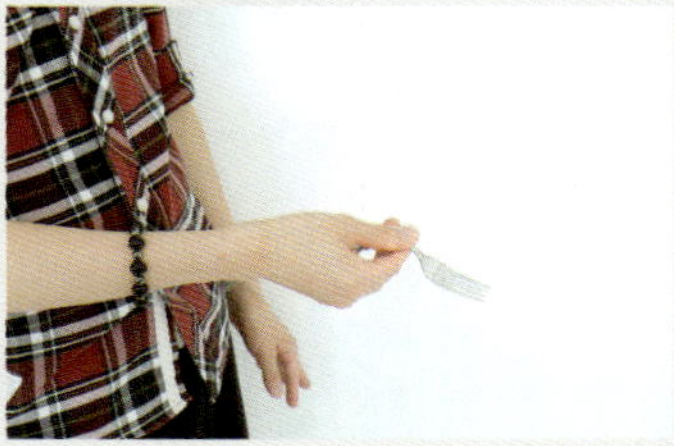
⑱

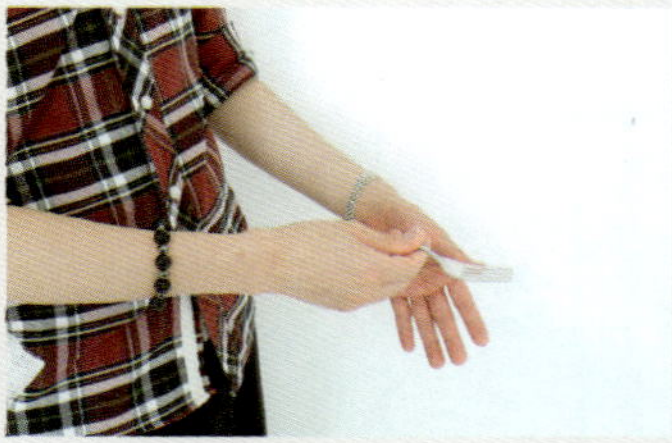
⑲

⑳ 息を吹きかければ

㉑

㉒ 元どおり

㉓ 目の錯覚だったのでしょうか

㉔フォークを持ち替え

㉕軽く振ると……

㉖

㉗

㉘フォークの歯が

㉙1本だけ曲がります

㉚再びフォークを持ち替え

㉛さらに振ると……

㉜

㉝4本の歯がバラバラに

㉞振り続けると

㉟

㊱歯先がより大きく

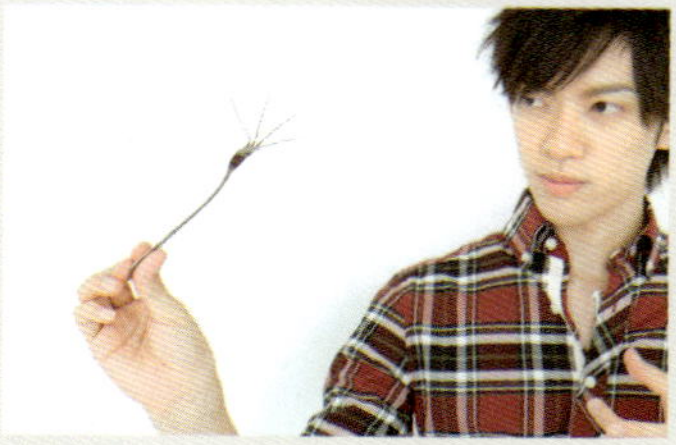

㊲広がっていきます

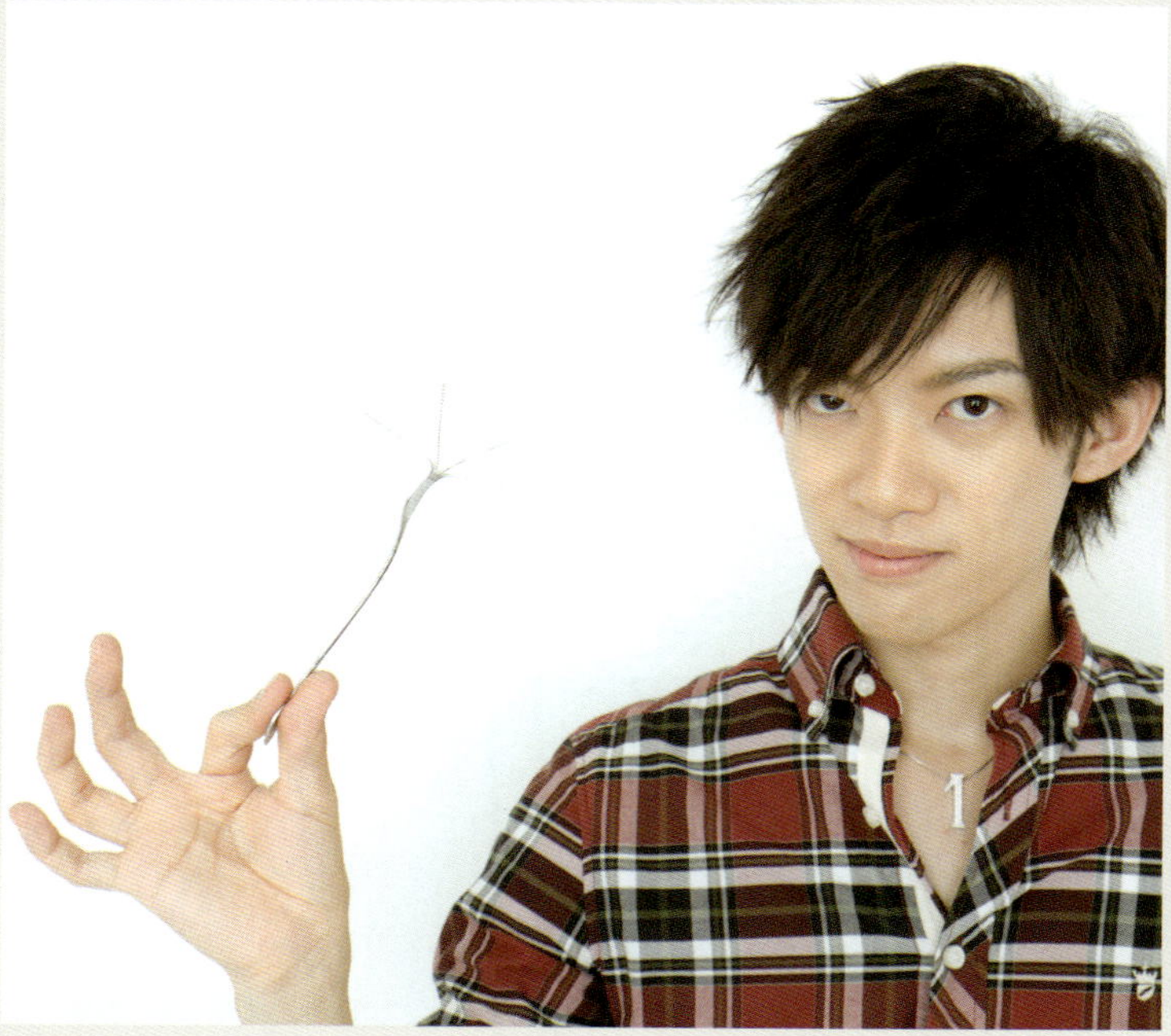

㊳見事に広がりました。ここからはよく見てください

㊴ 僕の手の中にある間は……

㊵

㊶

㊷

㊸

㊹ まるで水あめのように

㊺ 柔らかい

㊻

㊼

㊽

49

50

51

52

53

54

55

56

57 ぐにゃぐにゃに

58 曲がります

(59)

(60)

(61) どんどん柔らかくなって

(62)

(63)

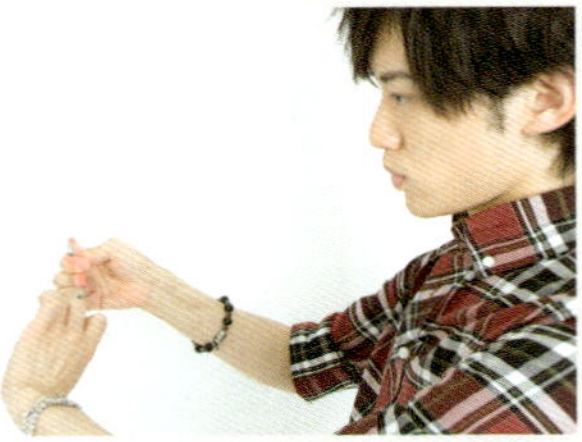

(64)

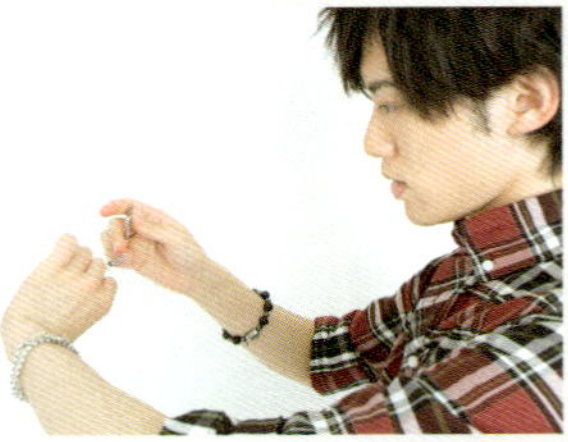

(65)

(66)

(67) 何重にも

(68) 巻かれていきます

⑥⑨

⑦⓪

⑦①

⑦②

⑦③

⑦④

⑦⑤

⑦⑥ 3回転……

⑦⑦

⑦⑧ 4回転

㊆⑨ どんどん……

⑧⓪ 畳まれていきます

⑧①

⑧②

⑧③

⑧④

⑧⑤

⑧⑥

⑧⑦

⑧⑧

⑲

⑳

㉑

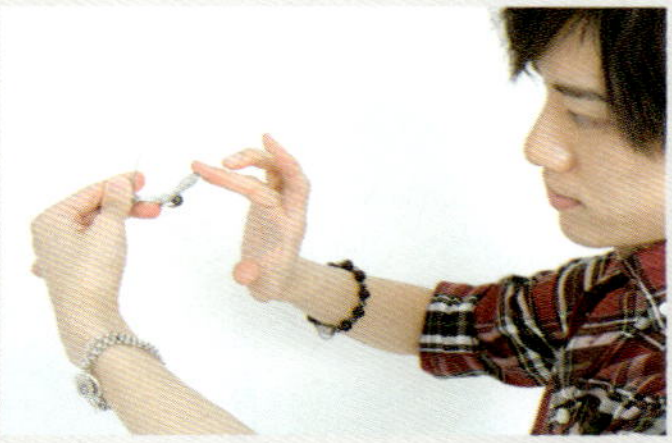

㉒ 普通なら

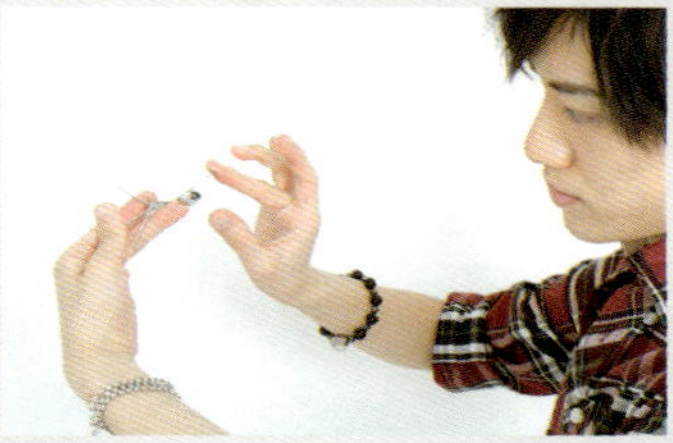

㉓ 折れてしまいそうですが

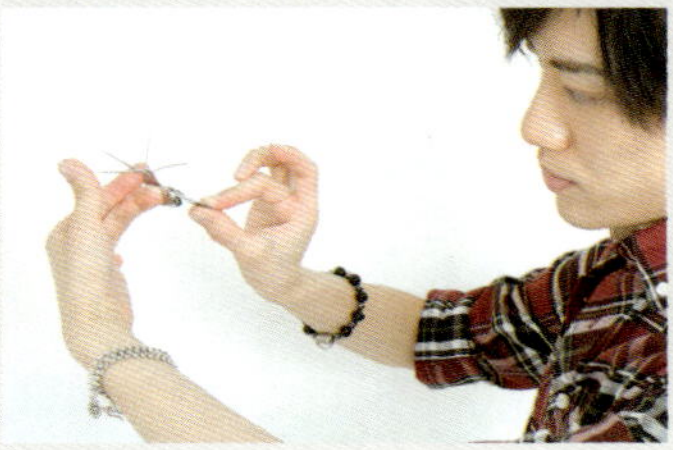

㉔

㉕ 最終的にはこのとおりです

96 フォークは、ここまで曲げられるのです

フォーク曲げの秘密。みなさんの目には、あたかも途中でフォークがどんどん曲がっているように見えているでしょう。

しかし、それが目の錯覚なのだとしたら、どうしますか？　実は人は、ものを目でとらえるときに、「始まり」と「終わり」にしか注目しません。その間の過程を、人間の脳は勝手に保管して、頭の中でつなげているのです。

だから、僕は、人間のその特性を使い、フォークを不思議な能力で曲がっているかのように見せることができるのです。

あれ？　どこで曲がったのだろう。最初は曲がっていなかったはず。

でも、最後を見ると曲がっている。つまり、その間のどこかで「曲がった」のだと脳は考えてしまう。けれど、よく考えてみてください。この世で接触しないで働く力は、重力と電磁力だけ。金属は、接触しなければ曲がるわけなどないのです。最初から、もう一度よく見てみてください。

僕の手の動き、そしてフォークの曲がっているタイミング。

もし、それでも徐々にフォークが曲がっているように見えるのだとしたら、それは、すでに、あなたがメンタリズムにかけられてしまった証拠なのです。

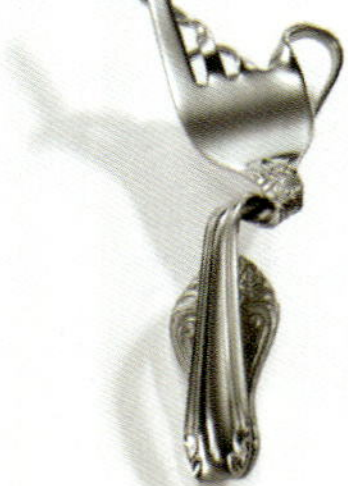

02 フォークを曲げるための3つの科学

1972年にユリ・ゲラーが日本のテレビで初めてスプーン曲げを披露したとき、人々は「超能力だ」「いや念力だ」と熱狂したらしい。僕が生まれるずいぶん前のことだ。

今でこそ「超能力でスプーンが曲がってる！」などと本気で思う人はいなくなったけれど、当時はいわゆる「オカルトブーム」で、彼の登場により「超能力」という言葉が流行した。

ユリ・ゲラーに続けとばかり、その後も、超能力者を名乗る人が代わる代わる出てきてはスプーン曲げを披露し、指でこすると金属が熱くなるとか、だから柔らかくなるなどと彼らが言ったおかげで、僕がフォークを曲げると、いまだに「曲がった部分は熱くなっていたりするんですか？」と、ときどき聞かれたりする。

フォークやスプーンに触れていると、実は、曲がる場所、曲げやすい場所が感じられるようになってくる。でも、それは決して「超能力のなせる業《わざ》」などではない。目では見えない合金鋼のつなぎ目というか、たんに金属の弱い部分を見つけているだけだったりする。

超能力でもなく、どうやってそれを見つけるのか。

それを嗅ぎ分けるのは、「感覚」としか言いようがないかもしれない。でも、それは僕だけの特殊な感覚ということではなく、**補助なし自転車に乗るのと同じような一種の「慣れ」に似ている。**多くの自称超能力者は、この感覚を無自覚に使っているにすぎない。

僕はそこに、科学的なアプローチを考えた。たとえば、金属の性質を知るための「物理学」や、金属が勝手に曲がっていくように見せる〝錯覚〟を操る「心理学」、そして最小限の力で最大のパワーを引き出す「運動力学」。

つまり、度重なる練習によって、「感覚」を研ぎすましながら、裏では、理論を徹底的に研究したからこそ、決して力ずくではない、「まるで生きているような」と言ってもらえるような「フォーク曲げ」を実現することができるのだ。

さて、その理論とは。

まずは「物理学」。金属を曲げるロジックを知るために、僕はまず金属の性質を勉強した。

フォークは、鉄をベースにクロムやニッケルを混ぜたステンレスでできている、合金の割合によって種類がある、ステンレスは銀やプラチナと比べると最も硬い……など。

どんな構造をしていて、どこが硬くてどこが柔らかいのか。

また、どうすれば曲がりやすいのか。

とにかく僕は金属について知識を増やした。

金属が邪魔しあわないように曲げる技術も忘れてはいけない。

4本あるフォークの歯先を、他の歯にぶつからないよう少し横にずらして曲げたり、スムーズに次の行程にいけるよう、曲げる先の空間には何も邪魔するものがないように配置したり。

頭の中でパズルを組み立てるようにして完成形にもっていく創造力が要求される。

人間の錯覚を操る「心理学」も重要だ。

たとえば。

「説明をする」ということ。

僕はいつだってこれからやることを説明している。

「次は、この先端の部分を曲げてみようと思います」

「ここの部分を見ていてください。徐々に曲がってくるのがわかります」

言葉が示す先に視線を集中させていれば、視線の外で行われる体や指の動きには気づかれない。これが人間の錯覚を作り出しているのだ。

既に、拙著『人の心を自由に操る技術』のDVDやいくつかのテレビ番組の中でも明かしたけれど、ユリ・ゲラーをはじめとする〝超能力者〟がやっていた古典的なスプーン曲げの方法は、まず親指と人差し指でスプーンの首の部分を軽く持ち、「金属が柔らかくなるところを想像してください」と言いながら、もう一方の親指と人差し指でスプーンの先端に触れる。

その先端を持って軽く前後に動かしながら、タイミングを見てグッと手前に倒すのだが、曲げる瞬間、スプーンを持ったほうの手の小指をすかさず柄の最下部にあてるのがポイン

ト。

スプーンの頭、首、最下部の3点に触れることで、初めてテコの原理が成り立ち、少ない力で曲げることが可能になる。つまり、人の錯覚を引き出すためにスプーンの上部を触り、視線を終始スプーンの上に誘導。小指の動きから注意をそらすことが重要なのだ。

視線の誘導が加わっても、まだ十分ではない。

最小の力で最大限のパワーを引き出すべく、体の動きもしっかり使う。

これが「運動力学」。

僕が使用するフォークは、マジック用に作られたものではなく、ステンレス18－8などと書かれたごく一般的でしかもやや硬めのもの。

実は、硬い金属であるほど、ゆっくり曲げるとゆるやかに湾曲する。

でも、僕は硬いフォークを、まるで生き物のように、シャープになめらかに、鮮やかに曲げたいのだ。

では、そのために必要な「力」をどこから得るのか。

たとえば。

相手を一発で気絶させてしまうボクシングのフックは、腕の力だけで生み出されるものではない。体重移動や腰を回転させることで体のバネを作り出し、強力なパンチを生み出す。それならば、胸筋と背筋を動かすように力を入れることで、指先の力を超えるパワーが生み出せるに違いない！

また、自分の体重をたった2本の手で支える腕立て伏せの動きを利用して〝引きつける腕の力〟でフォークを曲げられると考えた。

これで、後で触ってもらうと「え！　これが曲がったの？」と驚かれるほど硬度の高いフォークでさえ、軽い力で曲げることが可能となった。

効率よく力を出す方法を身につけたことで、曲げられる場所も格段に広がった。通常は硬くて曲がらないと思われている「持ち手の下部の幅の広い部位」や、「フォークの歯」を横に曲げたり、あるいはねじったりすることができるようになった。

しかも、力を加えているように見えない優雅な動きで。

通常、力ずくで何かを曲げると、曲げたところで動きがグッと止まってしまう。

でも、力を止めず、流れるようにしてあげる。さらに、曲げる動作と流す動作を交互に組み合わせると、どこで曲げているのかわからなくなる。
つまり、パフォーマンスの形としても美しくなるうえ、曲げるためのトリックとしてもうまく使えるというわけだ。

感覚と理論。訓練と技術。そして、人間の深層心理。
僕のパフォーマンスは、それで成り立っている。

「金属の性質を理解するための物理学、最小の力で最大のパワーを発揮するための運動学、そして超能力のような錯覚を作る心理学でフォーク曲げを再現している」

03 科学とロジックで超能力を再現

僕が、とにかくフォークを曲げる練習をしていた大学時代。メンタリズム研究会「スリーコール」と出会った。そこで見せられたのはイギリスのパフォーマー、ダレン・ブラウンという人が出演するテレビ番組を紹介した動画サイトだった。最初はマジシャンの一人だと思って見ていたけれど、いろいろなパフォーマンスを見ているうちに、**これはなんだ？**　という疑問にぶつかった。

たとえば、ロンドンの街中で道行く人に地図を見せる。

「この場所に行きたいんですけど、どう行けばいいですか？」

と道順をたずねる。

その瞬間、巨大な看板が2人の間を裂くように通り、ダレンは看板をよける振りをしながら看板の後ろに一瞬隠れ、次の瞬間には、看板と共にやってきたまったく別の人が同じところに同じように地図を持って立っている。

ところが道を聞かれた人は、**人間が入れ替わったことに気がつかないのだ。**

実験相手とパートナーを替えて何度も同じことを繰り返すものの、入れ替わる人間の身長が高くなろうが低くなろうが、年齢が変わろうが、なんとダレンが女性に替わろうが、わずか2秒前に話していた相手がすり替わったことに誰も気がつかない。

人間の心はこれほどまでに簡単にだまされる、という「マインドコントロール」を題目にした実験のようなパフォーマンスを見て、僕は、今自分が見たものが、マジックなのか何なのかわからなくなって、混乱した。

他にも、背中合わせになって、相手が次にとる行動をダレンが読み取って紙に描いたり、暗示をかけられた2名のグラフィックデザイナーが描いたポスターが、ダレンが事前に描いていたものと構図もモチーフもほぼ同じだったり。

それまで知っていた明確なタネのあるマジックとは明らかに違う。

マジックの勉強をし、わずかばかりだけれどマジシャンとしての経験もあった自分だからこそわかること。

あれは、絶対マジックではない！

ダレン・ブラウンの名前を検索すると、この言葉に出会った。

「メンタリズム」

研究会の名前にもついているあの言葉だった。続けて「メンタリズム」と検索すると、意外にも海外のサイトではヒットする項目がかなり多いことに驚いた。

日本では知られていないだけで、「メンタリズム」はひとつの確立された学問なのだろうか。

メンタリズムとは、「形而上」――つまり、形を知覚できないもの、形を超えたもの。超自然的、理念的なものという意味の言葉であり、思考過程に重きを置く「心理主義」とも言えるのだという。

さらに調べてみると、メンタリズムとは、

行動や心の動きを科学的に研究する「心理学」。そしてそれを中心に、

催眠療法で使うような「催眠、暗示」、

人の体の筋肉の動きや柔軟性で相手の心を読む「読筋術」、シャーロック・ホームズのような「観察力」、それらを駆使して、「超常現象」と呼ばれる不思議な現象を実現化することだとわかってきた。

もっとわかりやすく言うと、「超能力デモンストレーション」のようなもの。超能力を科学とロジックで再現する。

つまり、僕がフォーク曲げでやろうとしていることと同じだったのだ。

「メンタリズムとは、心理学に基づく暗示や錯覚など、あらゆる学問をトリックに結びつけ、超常現象を再構成するパフォーマンス」

04 なぜ自由に選ばれたものを当てることができるのか

ダレン・ブラウンに、そして「メンタリズム」という新しい言葉に大いに刺激され、資料として最初に手に入れたのは、彼の「メンタルフォース」というテクニックが記されたレクチャーブックだった。

メンタルフォースとは、相手の心を強制的にこちらの意思どおりに動かす、という意味。たとえば、

1から5までの数字が書かれた5枚のカードの中から、「2」のカードを選ばせるよう操作するには、次のような方法がある。

●「ここに1、2、3、4、5と、5枚のカードがあります」と、言うときに「2」だけを大きな声で言う強調法、あるいはあえて聞き取れないぐらいの声で言う消音法。

●「2」のカードの説明をしている最中、指を鳴らす、相手の肩を触るなど、何かのアクションを入れて印象づける方法。
●「どれか自由に選んでくださいね」と言いながら、相手の目の近くで親指と人差し指を出して「2」という数字を無意識のうちに印象づける、または5枚のカードを相手の目の前に並べるときに、配るスピードを変えて、「2」だけゆっくり配って特別さを演出する方法。
●両手を1と5のカードの上にかざし、相手の目線をさえぎり、まず1と5のカードを相手のマインドから排除する方法。
などなど。


書いてあったのは、僕が期待していたようなタネとは大違い。

わかったような、わからないような理屈ばかり。


「だまされた！」

そう思わずにはいられなかった。

今、僕のパフォーマンスを見ている人たちが、

「耳に極小ワイヤレスイヤホンが入っている」

とか、

「マネージャーやテレビ局のスタッフが全員グルになって教えている」

などと根拠もなく考えるように、僕も、これで相手の心を100パーセント誘導できるなんて、信じられるわけがなかった。真っ赤な嘘に違いないと。

マジックのように確実で堅いタネはないのか？


それでも、少しずつ自分なりに練習を始めていった。

手品と違って、絶対にうまくいくという確信が皆無だったので、家族や身近な友人に披露しては感触を確かめていく。


カードは配るタイミングがものを言うので、まずはカードの配り方を研究した。

ダレン・ブラウンのメンタルフォースの方法以外にも、

「配ったカードを手元に集めるときに1枚だけ他のカードより飛び出させておいたら、それが選ばれる確率はどれくらいなのだろう。かえって怪しまれて敬遠されるだろうか」

などメンタリズム研究会「スリーコール」のメンバーで模索を繰り返した。

どのタイミングとスピードで、どのように置いたら人間の印象に残るのか。取らせたいカードを配るときに相手と目線を合わせたほうがいいのか、合わさないほうがいいのか。間をあけるときはどれぐらいあけるのか。
何度同じことを練習したかわからないぐらい、まさに実験の日々。
高田馬場のマクドナルドに集まっては、夜中から朝まで毎日のようにやっていた。

あれ？　これ、結構な確率でいけるんじゃないか？

そんなふうに思い始めたのは、３ヶ月もたった頃。
ここではこれを見せて、さらにこの動作とこの会話をしてから、このタイミングで相手に選ばせたらこれを取るだろうという、緻密な計算と積み重ねのうえに、「自分の思いどおりにカードを選ばせる」ということができるのだと、なんとなくわかり始めたのもこの頃。

つまり、**人間の特性や習慣などを心理的に操作することが必要なのだ。**

たとえば。
上下に持った同じカード。「どちらでもいいですよ」と選ばせると、上にあるほうを選ぶ確率が高い。これは、「順位は上から下に書く」などの習慣から、脳が「上にあるもののほうがいい」と無意識に判断するから。

ひねくれ者や自分でなんでもやりたいという人を相手にするときは、選ばせたいものはあえて説明しない。しつこく説明されたものは選びにくい。

二者択一の場合は、相手と目線を合わせてさりげなく手を添えると、添えているほうに導かれる……など。

マジックのような確実なタネがないため、そういったテクニックをレイヤーのようにいくつも重ねて確率を上げていくという方法を、なんとなく自分のものにしていくことができたのだ。

そして僕は納得した。

人間は無意識のうちに、目に映っている情報に左右されている。

それは、おそらく僕らが知覚していないところで脳みそが勝手に判断しているのだ。

それもそうだ。もし、僕たちが意識的に、ひとつひとつの情報を理解し、吟味し、確認しなければいけない生き物なら、ただ歩くだけでも時間がかかって大変に違いない。

毎夜マクドナルドに集まり、自分や仲間に暗示が入るさまを自分自身で確認しながら、徐々にこんなことを感じていた。

人間は思った以上に、周りの状況に惑わされて生きているのかもしれない。

人は反射で生きているのだと。

「人の選択は、状況判断に基づいて行われる」

選択
（帽子選び）

メンタリズムパフォーマンス②
どうやって思い通りに選ばせる？

あなたは〝本当〟に自由にモノを選べていますか。自分で「選んだ」つもりが、「選ばされている」。それがメンタリズムです。たとえば、3つの帽子の中からどれかひとつを選ばせる。僕がテレビでもよくやるパフォーマンスです。どこに暗示が潜んでいるか解説しましょう。

ここに3つの帽子があります。

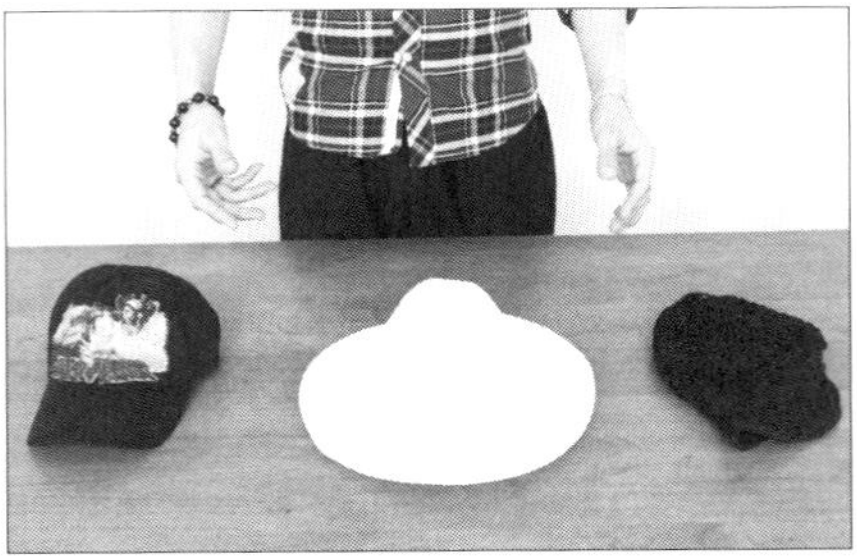

「どれかひとつ、帽子を選んでください」

ハットを選ばせる

① 両脇をさりげなく隠す

両手を広げ、「どれかひとつ直感で選んで」と言いながら両脇の帽子に影を落とす。これで両脇の帽子を相手の目線からブロックし、中央を選ばせる暗示に。

②「選んで被ってください」とジェスチャーする

両手を使って被る動作を見せることで、ハットを取るという暗示をかけます。

③ 手で誘導する

「さぁ、どうぞ」と手を前に出し、ゆっくり下げながら、中央のハットの上に何気なく手を残してから手をおろします。

ハットを選んでしまいます。

キャップを選ばせる

① キャップを被るジェスチャーをする

ハットのときと同様に、「どれかひとつ選んで被ってください」と言いながら、キャップを被る動作をする。そして、キャップの上方でパチンと指を鳴らし、そのままゆっくりキャップの上に手を残すように下げて、さりげなく印象づけます。

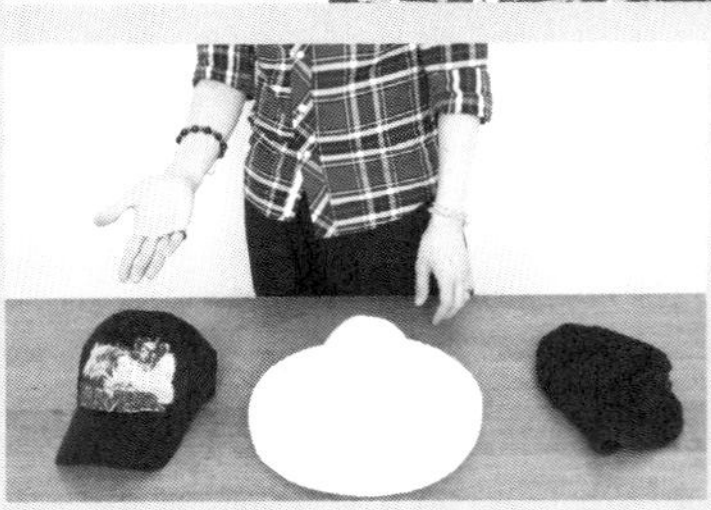

② 選ばせたくないほうに体をよせる

体をひねり、キャップから視界を広げ、そこで左手を机上において視界を妨害します。

キャップを選んでしまいます。

また、キャップとハンチングのように形状が似たものの場合は、どちらかを被りにくいようにつばを逆に向けておく、帽子を潰しておくなどの準備も必要です。また、色や配置にもたくさんの暗示が含まれています。各自、研究してみてください。

05 メンタリストは筋肉を読む

ひとつのテクニックを練習するとき、僕の場合、少なくとも2週間は同じことを続けて練習する。

人間の目の動きを観察しようと決めたら、人の目だけを2週間、観察するという具合。何かを習慣づけたいときには、2週間続けることが効果的だと言われているけれど、ものぐさなところがある自分は、20日間ぐらい続けてようやく自然にできるようになったものもあった。

メンタルフォースと並行して練習した、マッスル・リーディングもそのひとつ。マッスル・リーディングとは、文字どおり「筋肉を読む」テクニック。

では、どうやって読むのか。

筋肉というのは実はとても正直な動きをする。

物を持っているときと持っていないとき。

そして、何かを意識しているとき、していないとき。それは微妙だが確実に筋肉に動きが生じるのだ。

よく、「体をぎゅっと硬くしているときは緊張している」というように、心は必ず姿勢や筋肉に表れる。

海外の有名なメンタリストの一人であるバナチェックが教えるマッスル・リーディングの習得の仕方をここで紹介しよう。

たとえば。

四隅が見渡せる部屋に立ち、相手に4つのコーナーのうち、どこか1箇所をイメージしてもらう。イメージしたら、その人の腕を取って部屋の中を歩き回り、相手がイメージしているコーナーを当てる方法。

コツはひとつだけ。

手首を取るだけでなく、肘から下の部分をなるべく重ねるようにする。

筋肉は密着すればするほど読み取りやすい。体を近づけて体同士で筋肉を読む。

素直な人ほど、正解の方向に行くときは体が軽く動くけれど、違う方向に行こうとすると、「違いますよ」とでも言うように、筋肉にはっきりと力が入る。

一方、見破られないようにと頑張っている人は、その人がイメージした方向に行くと「バレてしまう！」とばかりに筋肉の動きが硬くなる。

相手の性格やタイプを読みつつ、筋肉を読むという合わせ技が必要なのだ。

筋肉の動きは大きければ大きいほど読みやすい。

だから、最初は、部屋の四隅を歩くというような、動きが大きいもののほうが、読みやすいのである。

僕は部屋のイメージではなく、身近な物を使って練習をしたので、動きはさらに小さく高度だった。

練習対象になったのは２人の弟。

テーブルの上に、携帯やｉＰａｄ、イヤホンなど身近にあったアイテムを３つほど並べ、心の中でどれか1個決めてもらう。

決めたら、弟の一方の手首を持ち、

「今選んだ物を頭の中で強くイメージして。念力で僕にそれを送るようなつもりで」

などと言いながら、相手の手をそれぞれのアイテムの上にかざして筋肉の動きを読んで当てる。


会う人、会う人に「ちょっといい？」と時間をもらい、相手の手首を取って身近な物の上を動かして筋肉の動きを読んだり、あるいは片手を僕の肩に置いてもらい、僕が体を大きく動かしながら相手の体の反応を読むことを繰り返し訓練した。


極めた状態になると「ノーコンタクト・マインドリーディング」と言って、顔の筋肉とか体の筋肉の動きを見るだけで、触らないで読むことも可能。

僕はそんな神業にはまだまだ程遠く、日々精進あるのみですが。

「人の心の動きは必ず筋肉に現れる」

マッスル・リーディング

メンタリズムパフォーマンス③

どちらでコインを持っているか当てる！

コインをどちらかの手に握ってもらって、それを当てる。いや、「当てる」という言い方よりも、本当は「読む」のほうが正しいでしょう。僕は、あなたの心を、ある部位から読み解いているのです。

100円玉を右手か左手に持つ。そして、両手を軽く握り、肩の高さで前に出してもらう。ここでのチェックポイントは3つです。

① 拳の高さを見比べる

親指の位置に注目するとわかりますが、コインを持つ手はこぶしが少しあがります。

② 相手の両腕を、内側から外側に向かって指で押す

持っている手のほうが緊張しているため外側に開きにくくなります。

③ 手首内側の腱を触る

腱が硬いほうが、筋肉が強ばっている。つまり、コインを握っている。

つまり、僕はあなたの手の筋肉の動きや硬さを読み取っているにすぎないのです。でも、それをいかに自然にするかが、問題なのです。

06 プレッシャーをかける——なぜメンタリストは話し続けるのか

マッスル・リーディングは、その人の思考を体の動きや筋肉の緊張を通して読む手法。

では、前述のようにあなたがイヤホンを選んだにもかかわらず、その後ｉＰａｄに意識を集中していたら、どうなると思うだろうか?

嘘発見器ではないけれど、違うことを考えている人の筋肉を読むのは非常に難しい。

世の中には、答えを簡単に当てさせてくれない人もたくさんいる。

特に僕なんかに対しては、「あ、ＤａｉＧｏだ。だまされないぞ」と頑なになったり。

そういう場合、どうするのか。

ここでだけ特別に明かしますが、そんなときのために**僕はいくつかの保険をかけています。**

僕が目隠しをされている間に、その人が選んだものを会場全体に見せる、ということを最初に指示しておくという保険。

こうすると、本人がひねくれ者で、最初に決めたイヤホンではなくiＰａｄに意識を集中していて体のメッセージを読み取れなくても、他の参加者や観客の反応を見ることで正解がわかりやすくなるのです。

観客全員がひねくれていたり、イヤホンから意識を外している、というような偶然は絶対ない。

２つ目は、本人を挑発して、iＰａｄに集中するという暴挙を未然に防ぐ、という保険。たとえば、あなたがイヤホンを選んだとしましょう。でも、心を読まれないために意識をiＰａｄに集中している。

そこで僕は、その意識を拡散させるためにこんなふうに畳み掛ける。

「どれを選んでもらってもいいです。イヤホンでもiＰａｄでも、iＰｈｏｎｅでもいい。例えばiＰａｄとiＰｈｏｎｅは、ともにアップル社の製品。似ているから選びにくいなと思うかもしれませんね。もしくは……今、iＰａｄはカバーが開いた状態ですが、閉じておいたほうがいいですか？」

というように、余計な情報を絶え間なく入れることで相手の気を散らすのです。気を散らされたりプレッシャーを与えられたりすると、人の心は逃げたくなる。逃げる先は、自分が最初に「これ」と決めたイヤホンであることが多い。つまり、初心に意識を戻すことが多いのです。

「プレッシャーがかかると、人の行動は単純になる」

07 いつ暗示をかけられたのか

イデオモーターとは、そもそも神の意思や未来を占うことが目的だったダウジングのロッドの揺れや、霊媒師が手を触れずに物を動かす状況を解説するために、1882年に初めて使われた用語と言われている。

自分では気づかないうちに何かの暗示がかけられることにより、意識や筋肉の動きに影響が出ることを言い、日本語では「観念運動」などと言う。強く念じているとそれにそって体が動いてしまうという仕組みだ。

子供の頃に流行《はや》った「こっくりさん」を例にとるとわかりやすいかもしれない。

次に紹介するパフォーマンスも、構造はとても簡単。

たとえば、相手の星座を当てるパフォーマンス。相手が持っている答えをまず僕がマッスル・リーディングで読み取る。そこに答えを知らない第三者が登場し、星座盤の前で振り子を動かす。

人間は、おそらく自分が思っている以上に外部からの刺激に操作される。

ですから、正解の星座のところに来たときに、「動く」という合図を送ればいいのだ。

では、どんな暗示を与えたらいいのか。

特別なことは言わなくてもいい。

手が答えの位置に来たときに、

「今、少し動きましたか？　よく見て」

などと言うだけです。

その人がよく見ようとすると、その意識が伝わり、振り子はさらに動く。

「少し動きましたか？」を意識しながら「よく見る」わけですから、自然に少しずつ動き始めるわけです。

そうしたら、あとはその反応を強化すればいいだけ。

「一度動き始めると、どんどん強く、強く、動いてくるはずです」

「無理に動かしたり、止めようとしたり、空気を読んで『何かしよう』と思わなくてもいいです。ただ、どういうふうに振り子が、どれぐらいのスピードで動いていくのかだけ、じっと見ていてください」

そうすると、相手は動くことを前提にして、

「えっ、どんだけ動くんだろう」

と無意識にグルングルンと回す。

「あ。すごい。どんどん動く」

そう思えば思うほど、振り子は回転し、周囲が騒ぎ出したらさらに強く回転する。正解を知らないはずの第三者の持つ振り子が、正解の星座のところで回る。そんなはずはないと誰もが驚くパフォーマンスだ。

「観念運動」と聞くと、思い浮かべたことが動きに変わる、つまり自分自身が答えを知っていなければならないと考えがちですが、**自己暗示だけでなく、他者による暗示でも体が反応し振り子はしっかり反応する**のだ。

人間の筋肉と脳は、神経によって密接に結び付いている。だから人間が頭で考えたことは、必ず筋肉の反応に出るし、逆に体を動かすことによって、脳に特別なイメージを与え

ることもできる。

知っているから動くのか。

動いたから、知っていたと感じるのか。

吊り橋を一緒に渡るなど、ドキドキした体験を共有した相手には恋心を抱きやすいという「吊り橋効果」なるものがあるけれど、これも少し似ています。

体の反応を脳がちょっと誤解するんですね。

そう、脳はよく誤解する。この話はまたのちほど。

「想像すれば、無意識に体は動く。夢を実現するにはまず想像することから始めよう」

念力を再現する

メンタリズムパフォーマンス④

どうしてコインがぐるぐる回る？

小さい頃、「こっくりさん」などの遊びが流行りませんでしたか？　みんなの指で押さえているコインがなぜか勝手に動き出す！　そこにも原理が存在します。すべてパフォーマンスで再現できるのです。

① 5円玉に20センチぐらいの紐を結んでオリジナルの振り子を作ってみましょう。

② 目の高さにコインをあげて念じてください。

③「右回り……左回り……止まれ」

なぜか、自分の念じたままにコインが動き出します。

「うそ！」と思ったあなたは、この本を見ながら、今すぐやってみてください。絶対にコインは動きます。なぜなら、これは「念」や「パワー」の問題ではなくて、ただ、脳の指令に従って、無意識に筋肉が動いているからなのです。体と心の密接なつながりを体感してください。

08 パフォーマンスは心理戦——心はどこまで読めるのか

ボイスメトリーというパフォーマンスがある。それは人の声を聞いただけで、そこにある物が誰の所有物かを当てたりするもので、テレビやマンガに出てくる、サイトメトリーから思いついたパフォーマンス。

このパフォーマンスの仕組みを明かすと、みなさんはきっと驚くはず。

ボイスメトリーのポイントは、「声のトーンで正解がわかる」と相手に伝え、話すことに意識を集中させることで、隙を見せやすくするという心理操作。

実は、声以外の相手の反応を引き出す方法でもある。

声のトーンは意識して変えることができるので、それではパフォーマンスが成立しなくなる危険もある。だから、声はむしろ「当て馬」なのだ。

誰の私物なのかを当てるパフォーマンスの場合。

参加してもらう人全員に「いいえ」と答えてもらうとき、声の高低よりもわかりやすいのは、「いいえ」を言うときの「態度」なのである。


「これはあなたの物ですか?」

と聞かれ、本当に私物でないときは余裕をもって「いいえ」と答えられる。

ところが、自分の物だった場合は、

「どうしよう、どうしよう……」

と、焦って「いいえ」と言ってしまったり、かんでしまったり。

とにかくみんないろんなところでボロが出てくる。

声でだませるように頑張らなきゃと思って、体を硬くし、手をギュッと握り、なるべく体を動かさず、とても不自然に「いいえ」と言ってみたり。

このとき、男性の場合は、意外と小心者が多いようで、「いいえ」と言った瞬間、わかりやすく目線をそらしてしまうことが多い。一方で、女性の場合は「いいえ」と言いながら、目を見開いたり、わざと目線をそらさないなど勝負をしてくる。やっぱり、女性というのは度胸が据わってますね。

嘘にまつわる人間の反応というのは、つくづく興味深いものなのだ。

もうひとつ、見破るポイントがある。それは、「いいえ」と答えてもらった後の反応。

自分の物でない場合に「いいえ」と言うとき、人はリラックスしている。だから、自分の番が過ぎると、興味はすぐ次の人に移る。つまり、物を見せながら一人ずつ質問し、その様子をチェックしていると、自分の番が終わったとたん目線が隣の人にすぐに流れる人は……そうです、真実を言っている可能性が高いのだ。

ところが、**自分が答えを握っているのであれば、「いいえ」と答え終わった後も、とにかく自分のことが気になるもの。**

自分はうまく「いいえ」と言えただろうか。

不自然な声色だっただろうか。

目線が流れない人、もしくは下を向いてしまう人は、〝バレないようにしなきゃいけない〟と自分のことで精いっぱいになっている可能性があるので、嘘をついている場合が多いというわけだ。

もちろん性格によって、「いいえ」と言った瞬間、その嘘に居心地が悪くなり、笑いながら友達に助けを求めるような目線を投げる人もいれば、口では「いいえ」と言っているのにうなずいてしまう人もいる。

反応は人それぞれ違うけれど、結局、人は「嘘をつく」のが意外と苦手な生き物なのだ。

「メンタリズムは心理学ではなく、心理術である」

09 なぜ本音を引き出すことができるのか

「当たるはずがない」

僕がパフォーマンスをするとき、心のどこかでみんながそう思っている。

だから、当てられないようにだまそうとしたり嘘をつこうとしたり、逆に僕にいろんなパフォーマンスをしてくる。


こんなこともあった。

数人の芸人の方々に手の中に収まるぐらいの小さな物を渡し、

「僕には聞こえないようにみなさんで相談して、これを誰か一人が持ってください。それを当てましょう。表情を読まれないよう、みなさんポーカーフェイスでお願いします」

と言ったとき。


しばらく後ろを向いて、合図と共にクルッと振り返ると、全員がポーカーフェイスではなく、思いっきり変顔をしていた。

読むのは「表情」とは言っていたが、この変顔では読み取りは無理。

そこで、

「みなさん、今の反応は明らかにわかりやすかったですよ。変顔しているつもりでしょうけど、僕には全部わかってしまいました。簡単過ぎますね」

と、観客席に向かって言ってみたのだ。

すると……。


「この人の顔のどこに反応が出てるの？？？」

とばかりに、全員がその人のことを見る。

そう。視線が集中する先にあったのが、答え。

本人だけが「なんでバレたんだろう」と他人ではなく自分の手を見てしまう。

先述したように、嘘をついた人は嘘をついた自分に意識が集中しているから、そこを見抜けたら、真実に気づける。

相手の心を揺り動かして、真実を導き出す。そのためには、はったりも使うし心理戦にも挑んでいく。これがまさにメンタリズムなのだ。

この章では、僕がテレビでやっているいくつかのパフォーマンスを紹介した。マジックでも、ましてや超能力でもなく、これがメンタリズムだと伝えたかったのだ。

しかし、「当てる」「驚かす」ということがメンタリズムの本当の目的ではない。先程、「当たるはずがない」とみんなが思っている、と書いたが、人間は**「当たるはずがない」と思うと同時に、心のどこかで「当ててほしい」と思っている**と僕は考えている。

または、「当たるはずがない」と思っている自分が「当てられた」ということに、ものすごく意味を覚えるものなのである。

メンタリズムの本来の目的はそこにある。

なぜ、僕はパフォーマンスをして人を驚かすのか。

どうして、僕は「当てる」ために技術を駆使するのか。

そして、なによりも、なぜ僕がメンタリズムに魅せられているのか。

次章はそのことについて述べたいと思う。

「自分のことをわかってもらいたいという欲求を利用し、本音を引き出す」

第2章
人の心を惹きつけるメンタリズム

メンタリズムという言葉が聞き慣れなくても、僕たちの周りには、本当はメンタリズム的要素が溢れている。たとえば、かつての超能力者や、タロット占い、そしてマジック。僕たちの身の回りのメンタリズムを紹介します。

10 なぜ占い師や霊能力者が権力を手にしたか

何百年という昔から、呪術や妖術、魔術は存在すると信じられてきた。メンタリズムの起源はどうやらそのあたりにあるようだ。魔術とメンタリズムがどう関係あるのか、は後述する。

1584年、地方地主だったレジナルド・スコットという人によってロンドンで出版された書籍『妖術の開示』。これは表向きには「初めて発売されたマジックの種明かし本」とされていた。しかし、実はこの頃ヨーロッパで行われていた魔女裁判から〝魔女〟たちを救うために「〝魔女の魔術〟は魔術ではなく科学的にも物理的にも解明できるもの」という驚きの事実を書いたものである、というのは、僕たちの世界ではとても有名な話。

たとえば。

「腕に剣を突き刺しても死なない」

「首をかき切っても死なない」

などと言われた魔女。しかし、使われたナイフは、その刃先をグッと皮膚に押し付けると刃がうまくさやの内側に引っ込むという仕掛けが施されたもの。魔女は誰にも見られないように素早く血のりをつけ、さらにそこに自分で調合した薬をすり込み、何もなかったかのように振舞って周りを驚かせたと種明かしされている。

そもそも魔女たちは、なぜそこまでして、自分で魔女であろうとしたのか。こういったパフォーマンスは、ただ不思議な力を見せびらかしたり、周りを驚かせて「すごいでしょ」と得意になることが目的では決してない。

ただ、自分たちが調合した薬をつければ傷なんてたちまち治ってしまう、もしくは、自分たちの祈りにはケガだって治してしまう不思議な力があるのだという、どちらかというと「権威」を人にアピールするためだったのだ。

当時の人たちにとって、魔女たちが「魔術」という言葉を使って説いたとされる心理的な心得や薬草に関する知識はずいぶん有益で、その活動や存在自体がかなり注目されたようだが、それによって「神を信じればすべてがうまくゆく」と唱えていた教会に大きな危機感を与えた。結果、教会は魔女を「悪魔と契約を結んだ者」と定義づけ、魔女狩り、魔女裁判が盛んに行われたとされている。

しかし、『妖術の開示』が世に出たことで、魔女たちが使っていた道具や妖術のテクニックが解説され、それを理解した多くの人々が、「なるほど魔術などなかったのだ。れっきとしたタネ（理由）があっただけだったのだ」と知るところとなり、長い間続いた魔女騒ぎは終焉を迎えた。

しかし、彼女たちが行ったことが人々に衝撃を与えていたことは事実であり、**神ではなく「人に心を読まれ、操られる」という感覚は、人々に何らかの強烈な印象を与えたはずだ。**

魔女、妖術師、霊媒師と呼ばれる人たちはいつの時代にも存在するが、個人的な見解では、解明できないような「超」能力を現実に持つ者はいないと、僕は考えている。

あくまでも個人の見解だが、『妖術の開示』のように、すべての能力は科学で解明でき、科学をもって再現できるのだ。

何より、魔女や霊媒師たちのそのパフォーマンスの先にあった、本来の目的。人の心を摑み、操り、自分の信者にする、ということこそが、僕が着目するところである。

彼らのその不思議な能力を、「技術／テクニック」という再現可能な方法に落とし込んだものがメンタリズムの起源なのである。

「占い師や霊能力者のパフォーマンスは、『権威効果』を狙ったものである」

非日常のパワーを再現する

メンタリズムパフォーマンス⑤

今すぐ誰でも人を惹きつけられる！

人を驚かすのは面白い。しかも、目の前にある日常のものでできたら、それだけでひとつの立派なメンタリズム。あなたも今すぐ真似できるパフォーマンスを紹介します。

① 必要なのは、消しゴムと爪楊枝（または針）、そして正方形の紙

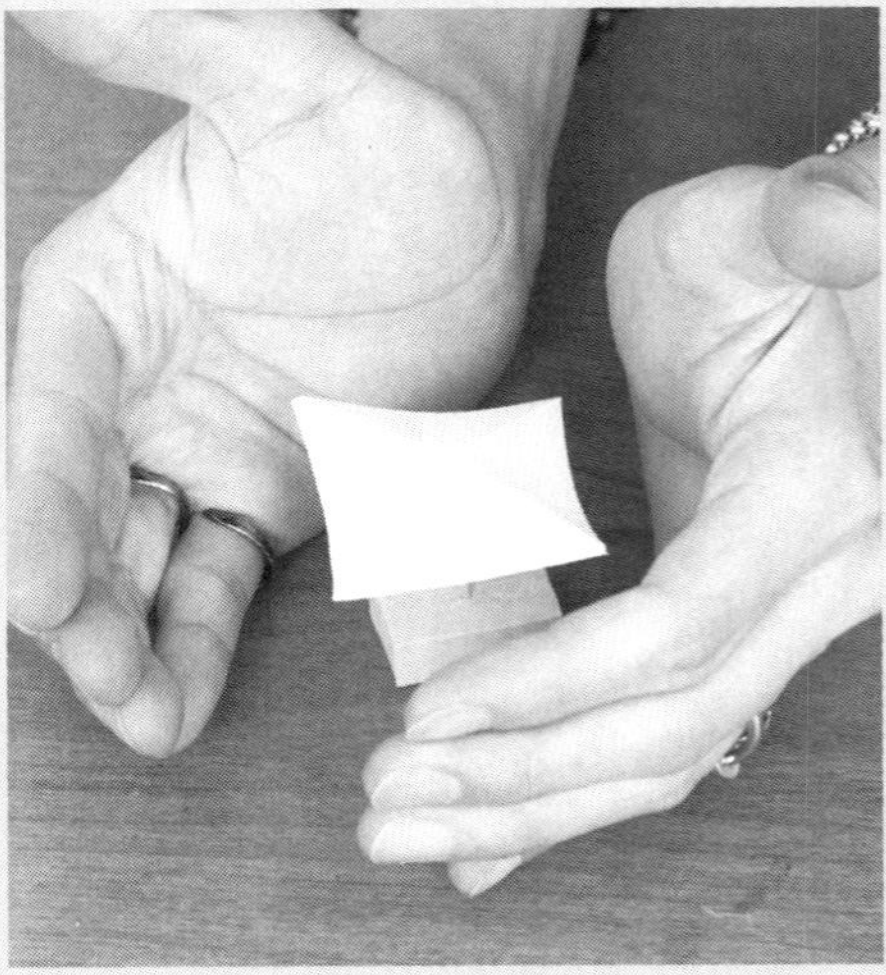

② 紙の大きさは、5センチ四方が適当（十文字に折り目をつけましょう）

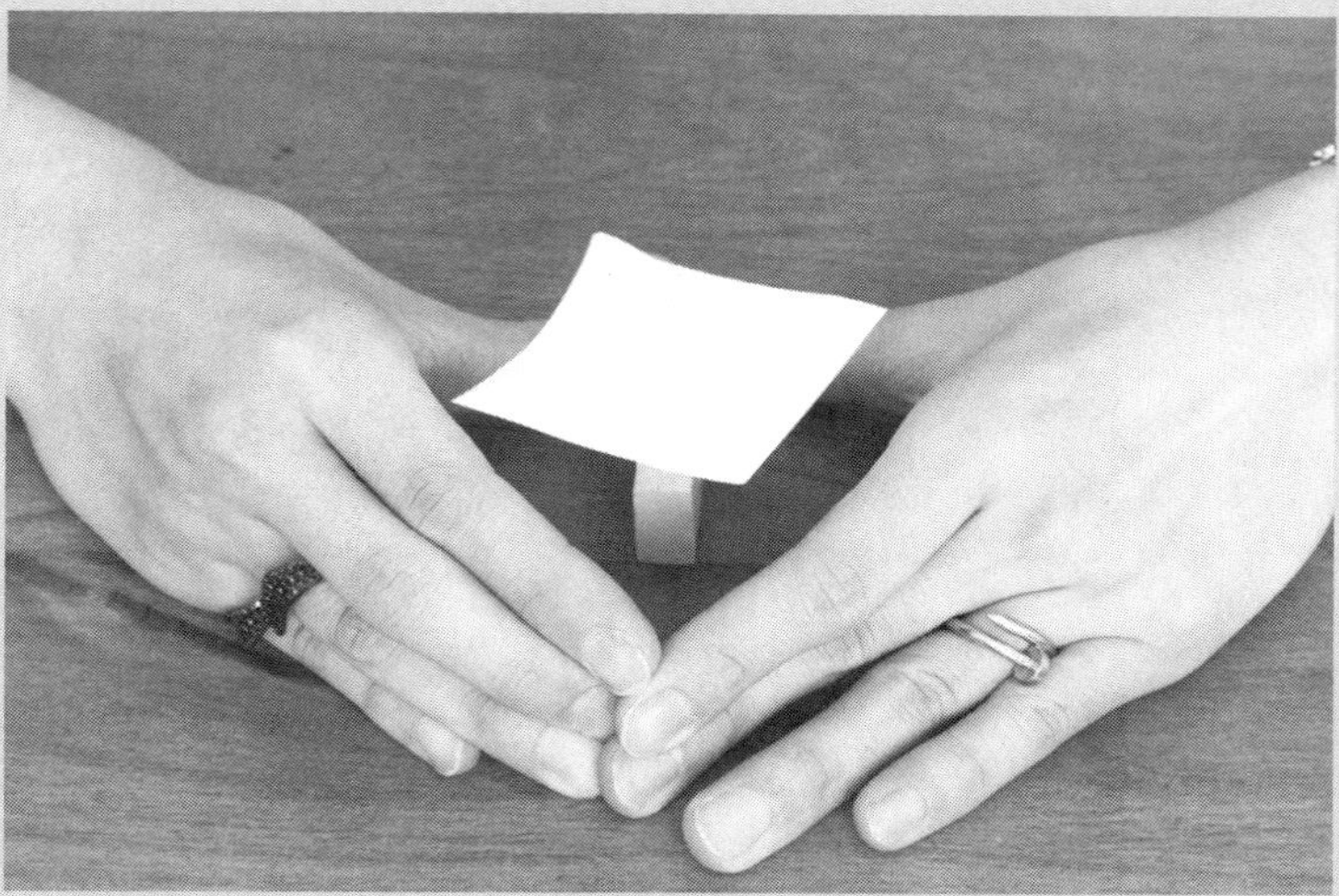

③ 両手で下からそれらを包むように囲うと……紙がクルクルと回り始めます

秘密は、掌から生まれる気圧。気圧が上昇し、紙がそれを受けてゆっくりと回り始めます。それを神秘的に見せるのが霊能力者を偽る人たちの巧いところです(笑)。

11 驚きが判断能力を奪う

どの時代、どこの地でも、説明のつかない不思議な力を持つとアピールする者は存在していて、その多くはカリスマと呼ばれ、祭り上げられてきた。

邪馬台国に都を置いた女王・卑弥呼も呪術を使うシャーマンのような人物であり、その力で人の心を掌握していたと言われている。

特別な力を持っているように見せる「メンタリスト」は実は世界中にたくさんいて、聖者として尊敬されたインドの霊的指導者、故サイババもしかり。

僕がフォークを曲げるかわりに、サイババは聖灰を出し、悩める人々の話を聞き、不治の病を治したのです。

僕はメンタリストですから、サイババに特別な力がなかったということを大げさに取りざたするつもりはありません。言ってみれば、彼がどんなテクニックを使って民衆の注目を集めたとしてもいい。注目するべきは、あのパフォーマンスがあったからこそ、多くの信者を惹きつけたと言える点。

驚いたときや未知のものを目にしたとき、人間の脳は活性化します。


「何が起きているの?」

「どうなっているの?」


目を開き、口を開き、耳を開放し、同様に心を開いて情報を自分の中に取り込もうとする。

その**〝心が開いている〟ときこそ、人が何かを信じやすく、説得されやすいとき。**

つまり、僕らメンタリストに言わせると「暗示」が入りやすい状態なのだ。それは催眠術で言うところの驚愕《きょうがく》法に近い。

「この人、何か特別な力を持っているかもしれない」

と思わせ、

「この人から何かを言われたら、きっと深い意味があるんじゃないか」
「目を見るだけで心の内を見抜かれるんじゃないか」

そんなふうに、「自分の知らない何かに精通した人は自分より上である」という、無意識の定義づけをパフォーマンスの空間の中で行っているのだ。

人間関係を築くうえで、特に第一印象は重要。

なぜなら、その相手の人生にたった一度しか与えられないものだから。

サイババが最初に手から灰を出したように、そして僕がパフォーマンスの最初にフォーク曲げをやるように、見る人に最初に驚きを与えれば、その相手との間に、信頼感や関係性を素早く築くことが可能になるのだ。

ですから、私たちメンタリストは意図的に〝驚き〟や〝衝撃を伴う感動〟を作り出し、そこからより深い心理系のパフォーマンスへと移っていく。その手法は、〝奇跡〟を見せる教祖たちや、だまされたと気づかせることなく相手の心の中に自然に、ぐいぐいと侵入していく詐欺師と同じかもしれない。

典型的な古い詐欺師の手法をひとつ紹介しましょう。

店やタクシーから外に出たばかりの人を追いかけ、

「今、財布からお金が落ちましたよ」

と言って、小銭を渡す。

「あ、そうですか？」

相手が財布を開けて確認し、小銭を入れるときに、その人の免許証、身分証など名前や住所が確認できるものをチェックする。

そこから得た情報があったら、それを利用して、

「実は、この街は初めてなんですよ。実は○○市から来たんですけどね」

と、相手との共通点を作り出す。

相手がそこに乗ってきたらこっちのもの。さらに、

「じゃあ、どこどこ知ってますか？」

などと話を広げる。熟達した詐欺師であるほど、この場所と言えば、何の話をすればいいのか勉強しているもの。

「なーんだ、じゃあ、○○学校だったでしょう？」

「あの学校は、○年に○○で優勝したんですよね。もしかすると（生年月日を盗み見て逆算し）、○年の卒業生ですか？」

という具合に、次々と相手との共通点を作ることが初対面での距離を縮めるのに最も効果的であることを熟知しているのです。

実際、僕自身もディナーショーなどでパフォーマンスを手伝ってくれる人と人間関係を素早く築くために、これに近い方法を使うこともある。

何か私物をひとつ貸してくださいと言ったときに、たまたまカバンの中に見えたものがあれば、あとでそれを自分が知っていたかのように言ってみたり。

「サインをください。何もないんですけど」

と言って、手帳を渡された場合は、家族の写真がはさまっていたり、プリクラが貼ってあることも多いので、そ知らぬ顔をしてサインだけして渡して、カバンにしまった頃に、

「もしかして、4人家族ですか？……妹さんがいる？」

などと言って驚かせることもある。

エンターテインメントですから、ここだけの話、ドキッとさせる詐欺のテクニックを使っていることもあるのだ。もちろんパフォーマンス以外では使いませんが（笑）。

「メンタリストにとっては、トリックは心を動かすための道具のひとつである」

奇跡を
再現する

メンタリズムパフォーマンス⑥

「サイババの砂」も再現できる!

サイババは何もない手から砂を出して人々を驚かせた。それは驚くほどに簡単なパフォーマンスにすぎません。僕たちの周りにはメンタリストがたくさん潜んでいるのです。

■ 砂はわかりづらいので、ここではクリップで代用します。

■ サイババは、小さく砂を固めてパフォーマンスをしていました。

① クリップを指の間にはさみます

② 手を重ねて、うやうやしく人前に

手を組むのは灰の塊を入れておくため。指の間のものを見せないように手をかざす。

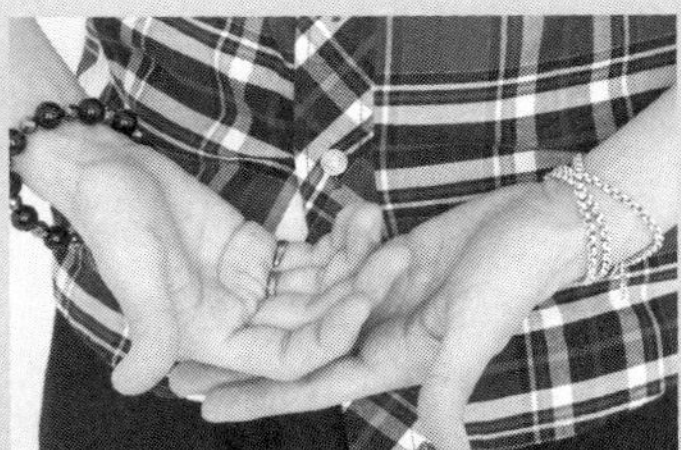

③ 手を握ると、手の中で塊が崩れ、粉が落ちる

角砂糖や砂の塊など、強く握ると粉状になるもので練習してみると、わかりやすいかもしれません。

12 デッドゾーン——スリの用いるメンタリズムとは

マジックサークルに入っていた大学時代のこと。

僕が入学した慶應義塾大学のマジックサークルは、50～60年は続く老舗《しにせ》サークルで、僕が入ったときもゆうに60人くらいのメンバーがいる巨大サークルだった。

しかし、大学のサークルですから、中には部室で麻雀やゲームに興じている輩《やから》も。一方で、学生ながら営業で数千万を稼ぎ出したという伝説的な先輩もいて、マジックショーのようなイベントも定期的に行っていた。

最初は単なる趣味でしたが、本当に好きなことだったら徹底的にやってみようと、演目に対する研究にも熱が入っていった。

どうやったらこのコインがより自然に消えるだろう。

どうやったらカードの移動をきれいに見せられるのか？

日々研究を重ねた結果、自己流だったが、半年後には大学主催のイベントでいくつかの演目を披露するぐらいにはなった。

そこで披露したのが、当時僕が改良を加えてオリジナリティを出したマジックパフォーマンスのひとつ。

いつもの僕の性格で、人がやっているものは自分がやれないと気がすまない。そして、人がやってないことを自分がやらないと気がすまない、から生み出したパフォーマンスなのだ。

「カード・イン・ザ・ウォレット」という日本で定番のマジックパフォーマンスがある。マジシャンが持っている財布から、消えたトランプのカードが出てくるアレだ。

あまりに定番すぎて、そのままやったのでは面白くない。

そこで客席の人のズボンの後ろポケットに入っている財布の中から、四つ折りになったメモ用紙が出てきたらどうだろう？　と考えた。

マジシャンのではなく、初対面のお客さんの財布から、カードが出てくる。

これほど不思議なことはない。

やり方は、先程のカード・イン・ザ・ウォレットに、ピックポケットという演目を合体させる。

ピックポケットとは、日本語にすると「スリ」という意味。欧米のエンターテインメントショーでは人気なので見たことがある人も多いかもしれないが、マジシャンがお客さんと話しながら隙を見て文字どおり相手の財布を取ったり、ネクタイや腕時計、ベルトなどを取るパフォーマンスのこと。

ただ、日本人は、スリのようなパフォーマンスは好まない。自分の持ち物を取られたうえ、スラれて驚いたところを他の客から笑われたりするから、神経質な人ほど嫌悪感を持つ。しょせん〝娯楽〟ですから、不愉快にさせたのでは本末転倒。

じゃあ、一度抜いてもまた戻せばいいんじゃないか？

もしくは僕が持っているカードやメモを相手の財布に入れたり、僕の財布を相手のポケットに入れればさほど不機嫌にはならないのでは？

だから、「プットポケット」と勝手に名付けた。

最初に僕が見せたカードを自分のポケットに入れた……はずが、相手のポケットから出てくる。相手のポケットから財布をすり取り、こっそりカードを入れ、戻すだけ。でも、本人は取られたかどうか気づいていないから、いったいどうやって自分の財布にカードを入れたんだ？　と盛り上がる。

これは、人の注意を他の場所に向ける「ミスディレクション」というテクニックと、カードを入れるというマジックのトリックを使っているのだが、僕がこの頃からやり始めたのは、もうマジックではなかったのかもしれない。

大学で人工脳の研究を始めたことも手伝い、人間の脳の仕組みを利用したパフォーマンスにこだわるようになったのだ。

「思い込みが死角を作る。だまされないために、自分が思い込んでいることを自覚しよう」

ピック
ポケット

メンタリズムパフォーマンス⑦

スリの手口にご用心!

占い師や超能力者のパフォーマンスの再現だけではない。たとえば、スリの手口だって、人間の「心理」を利用したメンタリズム的要素がある。ここでは、みなさんがそんな悪者の被害に遭わないように、スリの手口を紹介します。

ピックポケットに気をつけよう!

スリの手口としても使われる「ピックポケット」。心理的な錯覚や精神的なポケット(隙間)を利用しているので、気をつけよう。

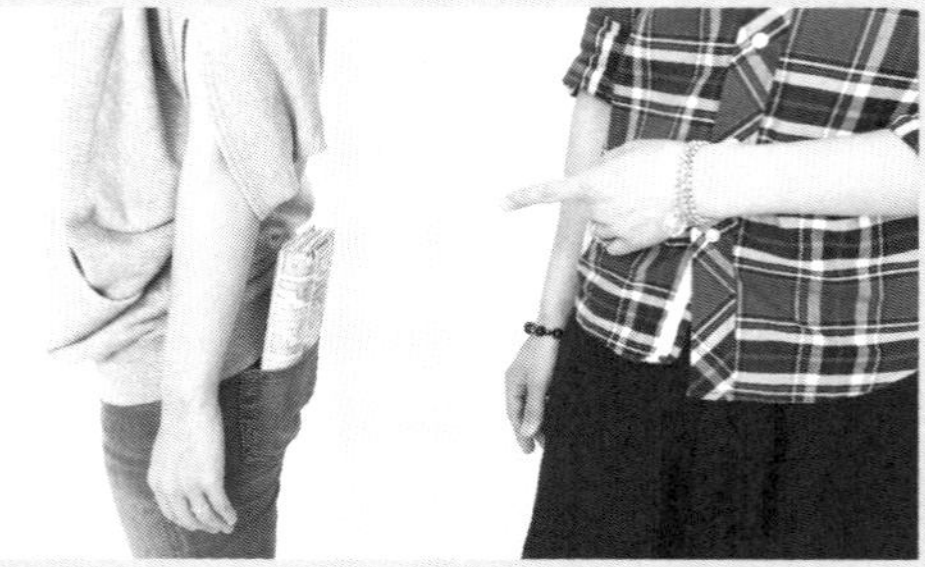

① ぶつかる。その瞬間、相手の肩を前に押し、肩と手で圧迫する

② 肩の手を離すときに財布を抜く

人間は、脳により近いほうを圧迫されると、それより下方の感覚がなくなる。スリはその心理的錯覚を利用して欺くのです。

13 想像した瞬間に、あなたはもう誘導されている

第1章でも書いたとおり、ダレン・ブラウンのパフォーマンスを目にして以来、彼の理論をなんとか解き明かしたくて、「メンタリズム」というキーワードに行き着いた。

そこからさらに、メンタリズム・パフォーマンスを調べてゆくと、「暗示」「催眠」というキーワードに当たり、さらにその先に「エリクソン」という人物と出会うこととなった。

1980年に亡くなったアメリカの精神科医であり、心理学者でもあったミルトン・エリクソン博士は、「現代催眠の父」とも呼ばれる精神療法の権威。

舞台の上で人を催眠にかけ、サルになったり滑稽な動きをさせるパフォーマンスがありますが、あれは「ショー催眠」と呼ばれるエンターテインメント特有のもの。

あれのおかげで、催眠と聞いたとたん「思うままにコントロールされてしまう」と警戒

する気持ちになるのもわかりますが、特にエリクソンの催眠は、古典的な医師の間でも注目された画期的に独特な手法を使っていた。

たとえば。

「これまで、催眠にかかったことはありますか？」

こんなふうに語りかけられたらあなたはどう答えるのか？

おそらく、ごく自然に「ないと思います」あるいは、「過去に1～2回なら」などと答えるでしょう。

そこでさらに聞かれる。

「もしも、今かかったらどうなると思いますか？」

少し想像してみてほしい。

「面白そう」「できればかかりたくないかな」「ちょっと怖いかな」……などなど、おそらく大した抵抗感も抱かず、さまざまに答えるはず。

重要なのは、このときあなたはすでに〝自分が催眠にかかった状態〟を想像して話しているということなのだ。

そして、その想像は**誰から強制されたわけでもない、あなたが自発的に浮かべたイメージ**。自発的なものだけに、「今から催眠術をかけます」と誰かに言われるよりも、はるかに暗示効果が高いのだ。

僕たちは、自ら催眠術にかかろうとしているのか——。

心理学の本を大学の図書館で借りて、夢中になって読んだ。

物理学の研究室にあった僕のデスクが、少しずつ変化してきた。

物理の本や講義ノート、実験ノート、パソコンのモニターに加え、心理学や催眠といった心理系の本が並び始め、徐々に侵食していった。

読みやすかったのはビル・オハンロンの催眠療法入門系の本。エリクソンから習った方法を基にしたセミナーの様子がそのまま書かれた専門書。

エリクソン自身は技術を体系立てて教えることを何よりも嫌っていたため、エリクソン自身の著書は残念ながら1冊もありませんが、それでも彼の手法がわかる有益なものだ。

催眠療法がメンタリズムと、いったいどんな関係があるのか？

というよりもむしろ、催眠療法とメンタリズムはひとつなのである。
メンタリストが駆使するテクニックに「操作」「誘導」というものがある。これはつまり暗示=催眠なのだ。

「想像させれば暗示をかけられる。相手の頭の中に絵を描くように話そう」

14 「自由に選んでいいですよ」——それでもあなたが3を選んでしまう理由

エリクソンの存在を知ったあとに考えついたのが、サイコロをイメージさせるパフォーマンスだった。

Ａ４程度の大きめの紙に、ある数字を書いておく。それを見えないようにくしゃくしゃと丸めて、パートナーとなってくれる人の前に置く。

そして言う。

「想像してください。これはサイコロです。手のひらを上にして片手を出してください。これから、あなたの手の上にサイコロを置きます」

「サイコロですから、１から６までの面があります。強くイメージしてくださいね。これからあなたに参加してもらって、パフォーマンスを行います。あなたの手の上に乗っているのは何ですか？」

「サイコロです」

「サイコロにはいくつからいくつの面がありますか？」

「1から6」

「そうですね。ですから、転がしたときに出るのは1から6の間の数字だけ。集中してくださいね。では転がして」


「今、コロコロコロと転がって、サイコロが止まりました。あなたの目には（指をパチンと鳴らし、親指と人差し指、中指を目の前にかざし）何番の数字が見えますか？」

　ここで選ばれるのは、たいてい「3」の数字。

　そこで「開けてみて」とサイコロの紙を開けると、そこには3と書いてある。


　これが、僕がおそらく最初にやった「暗示」を使ったパフォーマンス。

　相手に選ばせたい数字や物を連想させる言葉を会話の中に埋め込んでいき、自然にその数字や物を相手のイメージに入れる……。ビル・オハンロンの催眠療法入門の本に載っていた、〝埋め込み暗示〟という方法をパフォーマンスに応用したものだ。

「1から6の〝間の〟数字……」

と言っているのは、暗に「1から6の〝中間〟の数字を選べ」というメッセージ。

「1から6の〝間の〟数字しか出ませんよ」

「出るのは〝間の〟数字です」

という埋め込みになっている。


1と6の間だと「3」以外に「4」という数字もあるが、日本人の特性として「4」という数字は選ばれにくい。だから、多くは「3」を選択するわけだ。

そこに、実はジェスチャーで暗示も加えた。パチンとはじいた中指と親指をそのまま広げ、「3」を相手の目線の中に入れる。これで「3」という数字が、潜在意識の中に入るのだ。

メンタリズムでいう操作、誘導とは「暗示」のこと。細かい暗示をたくさん入れることによって、相手に、**「自分自身でそれを選んだ。これが自分のやりたいことなのだ。自分の思いどおりの選択**

だ」

と思い込ませることが重要なのだ。

「人は自分が思っているほど、自由に選択していない」

選択
（数字選び）

メンタリズムパフォーマンス⑧

好きな数字を選んだのに当てられる？

自分の意思で、ある数字を選んでいるつもりが、僕が選ばせていたとしたら？　この世の中にはたくさんの数字がありますが、あなたが選ぶ数字はひとつ。なぜなら、僕が暗示や誘導の動きと言葉で「選ばせている」からなのです。

「3」を選ばせる

「3」を選ばせるためにどれだけ「3」を刷り込めるか。それがこのパフォーマンスの鍵です。

① まず相手の名前を聞く

「○○さん（3）ですね。これから参（3）加型のメンタリズムを行います」

② さりげなく「3」の形を取り入れる

「1から5の間の数字の中から、○○さん（3）にパッと（3本指を出す）選んでもらいたい。頭の中で数字を描いてください（と言いながら空中で「3」を描く）。いいですか？」

③「間の数字」であることを印象づける

「1から」で右手をあげて、「5までの数字」と言いながら左手をあげます。
「間の数字」と言いながら、「3」の位置となる中心で、両手をあわせます。

④ とことん「3」を刷り込んでいく

「○○さん（3）に、パッと（3本指）、選んでもらいたいので、頭の中（3本指）で、イメージしてください。いいですか（3本指）？」

いったい、いくつの「3」が刷り込まれたでしょうか。パフォーマンスの中で、こんなにもたくさんの「3」のジェスチャーが組み込まれていることにも気づかず、あなたは、ついつい「3」を選んでしまう……いえ、選ばされているのです。

15 心を動かすたったひとつの方法

イギリスのメンタリストに、キース・バリーという人がいる。

毎回驚愕するテクニックを披露するダレン・ブラウンに比べ、彼は、主に「ストーリー」が魅力のメンタリストだ。

会場の雰囲気の演出も含めて、それがひとつのメンタリズムになっている。

たとえば。

ショーの開始直後。まだザワザワしている中、明るいライトの下で、全員参加のパフォーマンスを見せて会場に瞬時に一体感を作り出す。

そして、今度は、すでに撮影してある映像を見せるために会場をいったん真っ暗にし、他の視覚情報を排除する。映像を見ている間は横に座る知人とも会話がしづらいので、みんな少しずつパフォーマンスの世界に没頭してゆく。

そして次に明かりがついた頃には、観客の意識が完全に集中しているのだ。

会場に入ったときから、メンタリズムが始まっているということだ。

そんな彼のパフォーマンスの中で、「メンタリズムにはこういう一面があるんだ」と驚かされたのが、セラピー要素をもつパフォーマンスだった。

お客さんに「今までで、うまくいかなかった恋愛があったようですね。ひどいふられ方をして、あなたはすごく心が傷付いた。思い当たるものがありますよね？　いつ、どんな恋愛でした？」

と聞く。そして、

「その傷を今から消しましょう。あなたがその彼と付き合ったことはいい部分もあったはずだ。でも、悪い部分があったから、その恋愛は良くない思い出になっている。その悪い部分をこのガラスのかけらにすべて吸い取らせるようなイメージで……」

と言いながらイメージさせる。そして、

「悪いイメージを心の中に持っていると増幅して、人の心を傷付けてしまうんだ。それを証明しよう」

と言って、そのガラスをコーラの瓶に入れ、瓶をカラカラと振っていくと、急にそのコーラの瓶がバーンッと破裂！

ここにはマジック的な仕掛けももちろん隠されているのだが、**問題は瓶が割れたことではない。**

マジックの場合は、

「3、2、1という合図でこのガラス瓶が割れます」

という不思議を見せるのがメイン。

ところが、メンタリズムは、驚かすだけではなく、**相手に自信を持たせ、自立した道を歩ませるために心を誘導する**ことが可能なのだ。

「これでもう悪い記憶が心の中から飛んでいきました」

「自分の心をもう解放してあげていいのです」

そんな台詞《せりふ》でパフォーマンスを終わらせることで、心理的にセラピーのような印象を与えることができる。

しかも、瓶が割れるという、見ている人たちに衝撃を与える「破壊」のパフォーマンスを、トラウマが破壊されるという真逆のベクトルに振ることで、心がほっと温かくなるようなものに変えたのだ。

マジックと同じトリックだとしても、もたらす結果がまったく違う。

パフォーマンスにストーリー性を持たせることで人の心を癒やすことまでできるのが、メンタリズムなのだ。

「情のこもったストーリーが人の心を動かす。単なるトリックにしないためには『語り』が重要」

16 メンタリズムとマジックの違いとは

マジックとメンタリズムは似ている。まったく違うものだ、というと嘘になる。先程のパフォーマンスのように、やっているパフォーマンスが同じでも、その目的が違うというのが、一番わかりやすいかもしれない。

次に紹介するのは、マジシャンが行うカードトリック。あえて、マジックとメンタリズムの差を極端に見せるとすると、これくらい違う、という例だ。

相手にトランプの束から1枚選んでもらい、それを束に戻します。
指を鳴らすと、あら不思議。
中に入れたはずのカードが一番上に上がってきました!

このマジックをメンタリズム的にやるとどうなるのか。

まず、トランプをタロットカードに替えるところから始めましょう。

中世の頃から使われているようなアンティークのカードだとより信憑性も増しますが、そんなお金もない。

そこで、タロットカードの表面をやすりでこすって傷を付け、ボロボロにする。それを濃いめに煮出した紅茶につけて一晩おきます。翌日、表面がパリッとするぐらいほんのりオーブンで焼く。これで、何百年もたっているような古びたカードの出来上がり。

そのタロットのカードを相手に渡し、混ぜてもらう。

それをまとめて、テーブルの中央に重ねて置き、いきなり相手の目を見て、大きな声でこんなふうに言うのだ。

「今、あなたには非常に危険な運命が迫っています！」

さらに、瞳の奥に黒いものが見えるとか何とか適当なことを言って、脅かす。

そして、一番上のカードを早くめくってくださいと言う。

めくるとそこに現れたのは……「死神」のカード。

当然、「私はいったいどうすればいいんですか？」と、相手は助けを求めてくることになる。

そこからが、メンタリストの本領発揮。自分のほうに向いた相手の気持ちを操って、本当の自分の目的へと導くのだ。メンタリストではなく詐欺師なら、このあとに高価な壺でも売りつけるに違いない。

一般的に、マジックは仕掛け道具などの〝仕掛け〟を大きな柱としている。

そして、マジックをするときの音楽や身のこなし、仕掛けがダイナミックであるほど、その「不思議」が効果的に演出できる。

一方、メンタリズムでは、仕掛けは仕掛けにしかすぎない。主に、対話を通して行う心理的なパフォーマンスが中心であり、その効果の多くは「見た目」ではなく、心の奥で起きるのだ。

マジックに比べて見た目は地味。

でも、人の性格や他人が知り得ない過去、個人の情報など、マジックでは不可能なことを言い当てることができる。

どこを着地点にし、そのためにどう心理を動かすのかを考えてストーリーテリングを組んでいく。それも、メンタリストとして大切な要素なのだ。

「驚かせるのがマジックなら、信じ込ませるのがメンタリズムである」

第3章

今日から始める
メンタリズム

メンタリストとは人を驚かすのではなく、惹きつけ、その先に、コミュニケーションを築いてゆくことに長けている人間のこと。ここからは、より具体的に、メンタリズムの技術について紹介します。意外と真似できるテクニックが溢れています。

17 ただ見るだけでは、観察したことにはならない

メンタリズムとは、「超能力や霊能力と言われる超常現象を、科学やさまざまなロジックをトリックと結びつけ再現してみせるパフォーマンス」である。

これは、僕がテレビ番組に出演するときも、ホテルでディナーショーを行うときも、あらゆるところで必ず口にしている口上。けれど、パフォーマンスを披露したあとは、必ずと言っていいほど「どうして?」「なぜ?」「これは超能力?」と不思議な顔をされる。

確かに、〝自由に〟〝自分の意思で〟選んだ物を、その間、後ろを向いていた僕にいとも簡単に当てられてしまったり（あげく〝自由に〟〝自分の意思で〟選んだのではなく、メンタリズムで操られたのだと言われたり）、

「これはあなたの物ですか?」

という質問に、そ知らぬ顔で「いいえ」と答えたもののあっさりと見破られてしまって

は、「科学やロジック」と言われたところで、納得できないかもしれない。「誰かがこっそり答えを教えているのか？」「そうはいっても超能力の仕業なんじゃないか？」と、みなさんが僕を疑うのもわからなくはない。

では、「科学やロジック」とは、具体的に何なのか。

そのひとつが、「観察力」である。

第2章でメンタリストの起源であると紹介した魔女たちや詐欺師も、その「観察力」を駆使していたのだ。

「観察」というのは、単に相手の姿かたち、行動を「見る」のではない。

目線、口の開き方、体の向き、姿勢、つま先の位置などを細かく観察し、さらに踏み込むなら、その人の言葉、動作、こちらが発した言葉や行動に相手がどう反応するかという「能動的な観察」も含まれる。

それら相手の反応や答えをすべて拾い、うまく組み合わせながら相手の心を読み解いていくのが鍵だ。

……そんなふうに改めて説明すると、非常に高度なテクニックを要するように思えるかもしれないけれど、意外と、その「観察」は誰もが日々していること。

「あ。うちのお母さん、今日は機嫌がよさそうだな」とか、「落ち込んでいる」「疲れているみたい」「やる気がなさそう」などなど、僕ら人間は、無意識のうちに相手の様子を観察し、見事に推測している。

まぁ、トイレが我慢できず早々に退散した知り合いを見て、「やっぱり嫌われてるんだ」と間違って判断することも人間だからあるのだけれど。

「観察するということは、見たこととの意味を解釈すること」

18 メンタリストがあなたの目を見るとき

ここで「観察力」を利用した面白いパフォーマンスをひとつ紹介しよう。

「目は口ほどにものを言う」ということわざがあるが、どうやら目は開けているときだけではなく、閉じていても「ものを言う」ことがあるようだ。

たとえば、僕があなたに言う。

「1から9の中からひとつの数字をイメージしてください」

そしてこう続ける。

「では、僕と目を合わせるとプレッシャーを感じるでしょうから、**目は閉じてください。**そして、もしも、あなたが選んだ数字を僕が言ったら、頭の中で、ビックリ箱からマスコットか何かが空中にパーンと飛び上がるところをイメージしてほしいのです」

さらに、

「心の中だけでやってくださいね。パーン！　などと口に出したりしちゃ駄目ですよ」

リラックスさせながら、数字をゆっくりとランダムに言っていく。

すると、被暗示性の高い人は、自分が選んだ数字が来て、心の中でパーン！ とイメージしているとき、まぶたを閉じていても、**その下で目が下から上に移動しているのがわかる**のだ。

目をつぶってしまえば目線を読み取られることはないだろうと思い、目への意識がおろそかになる。これは、その考えを逆手にとったもの。

体は、これほど正直に人間が考えていることを表現してくれる。

事実、僕自身も目を観察するという練習に取り組んだとき、人の目はこんなにも細かく動いているものなのかと初めて知り、驚いた。

よく「人と話すときは目を見て話せ」と言うけれど、当時の僕は、それほど人の目を見て話すこともなかったし、それに「目を観察する」という作業は、たんに目を合わせることや、目のほうをぼんやり見ろという意味合いとはまったく違っていた。

まさに、**目の「動き」**を観察するのだ。

たとえば、「今、まばたきが少し増えたな。これは驚いたからだな」とか、「目が大きくなった。瞳孔が広がった。こっちの話に興味を持ったな」とか、人の目の動きだけを2週間も観察し続けていると、マニュアルなどなくても相手の心の動きまでが少しずつわかるようになってくる。

目が動いているとき、人は何かを考えている場合が多い。

だから、自分がしゃべっているときに相手の目がスッスッスッと細かく動けば、何かを一生懸命考えているのだなとわかる。

次にしゃべろうとすることを用意しているのか、気が散ってまるで違うことを考えているのか。

相手の次の言葉や行動を見て、自分の推測にさらに確信が持てることもある。

わかり始めるとさらに面白くなってくる。ちょっと面白いおもちゃを手に入れたような気分になる。

「ただ目を見て話すのではなく、目の動きを見て話そう」

19 口元を見て話す理由

目の観察をクリアしたあと、僕は口元を見る練習を始めた。

目線や目元の筋肉のように細かく動く部位ではないので、口のほうが初心者には観察しやすいかもしれない。

もしも、この本を人がいる場所で読んでいるなら、周囲の人の口元にさっそく注目してみることをすすめたい。

まず、2人以上で会話をしている人。聞き手になっている人の口の周りの筋肉が、どの程度緊張しているか観察してほしい。

相手の話をどう聞いているのか。好印象を持って聞いているのか、いないのか。

それを一瞬で見分けられるのが、口元なのである。

口元の筋肉が自然にゆるみ、ときおり歯が軽く見え隠れしているなら、相手の話に興味があり、リラックスして受け入れていて、もっと話を聞きたいと思っている証《あかし》。でも、口元はリラックスしているけれど、実はうわの空……というときは、目が相手をちゃんと見ていないことが多いはずだ。

一方、相手の言うことを否定している、受け入れていない、あるいは自分がしゃべりたいと思っているときは、口の周りの筋肉が緊張しているはずだ。

口元をぎゅっと閉じていればいるほど、不安を感じている、緊張している、同意できないなどマイナスの感情を持っている場合が多く、外部から入ってくる情報を拒んでいるサインとも受け取れる。

不安や不満がピークに近づいてくると、唇がさらに内側に入り始める。

上下の唇を噛み、唇全体を隠してしまうこともあるかもしれない。

ここに腕を組む、目をつぶるなどのジェスチャーが加われば、

「あなたの話を完全に拒否します」

あるいは、

「ちょっと黙っておいて」

というボディランゲージ、無言のメッセージと言える。

いずれにしても、自分が話をしている相手が口を閉じることが多くなったり、閉じている時間が長くなったら、自分は黙って、相手に話をさせる。

または話の方向転換を図ったほうが賢明かもしれない。

そんなときは、何を話しても何も心に入っていかないと、その口元が言葉よりも雄弁に語ってくれているのだ。

「口元を見て会話する人は、話し上手になれる」

20 表情を読むだけではない

人間の動きは、すべて脳からの指令によって生じる。
表情だけでなく、体の動きや姿勢も、人間の感情と相関関係にある。

つまり。

口ではなんとでも言えるけれど、あなたの話を聞いている相手がイスの背に思い切りもたれかかっていたり、視線が宙を泳いでいたり、指でテーブルをトントンと叩いていたり、体やつま先が出口のほうを向いていたとしたら……あなたやあなたの話には興味がないよという体からのメッセージ。

真実を見極めたいなら、**口先の言葉なんて、本当に何の当てにもならないものなのだ。**

あなた自身や、あなたの話に興味があるとき、人はまず前のめりになる。
体がオープンで〝開いた〟感じに見え、うなずいたり体を上下させて笑ったりと、**縦に**

動くことが多くなる。

緊張しているときは、肩が内側に入り、**体が丸く縮こまった印象**になる。

目も口もボディランゲージも、とにかく雄弁なので、こんなふうに分析しなくとも、**あなたも〝なんとなく〟わかっていたこと**だったりするかもしれない。

ただ、こうして体系だてて見ていくことで新たに気づいたことがある。

大学時代、バイトの一環としてパーティーなど人前でパフォーマンスを行うことがあった。

先輩の中には、学生時代、こういった営業で何千万もの利益をあげた人もいて、そのつながりから後輩にもときどきお呼びがかかる。

いわゆるバイト代は、その日の集客しだい。

「会費は○○○円で、今のところ○○人くらいは集められそうだから、その半分をギャラとして支払うよ」

嘘をつくのが特別うまい人は別にして、その場で考えて作り話をするとき、人の目はすごい速さで動く。

堂々と話しているふうなのに、黒目が実に細かく右に左に、上に下に。

明らかに決まっているはずの報酬を言うときに、

「ええっと、そうですね、そこに関しては……」

と口ごもったり、目が動いているときはかなり怪しい。

「あ、これは今考えているな」というのが、残念ながらわかってしまう。

相手の表情やボディランゲージを観察する癖がついたことで、それこそ以前は直感と経験則でしか判断できなかったことも、真実が少し見えるようになったというわけだ。


バイトとはいえ、おかげでこちらにも自由に選択する余裕ができた。

大掛かりなパーティーで、けっこうな人数を集めると口では言っているけど、本当は自信がなさそうで、小規模なものになりそうだなと思ったら、今回はやめて別の予定を入れようという判断ができる。


観察力を養っておけば、仕事でのネゴシエーションの場でも**直感や経験則という漠然と**

したものに頼らず、ロジカルに判断することが可能だ。

実際、僕のプロデュースやブランディングを担当する村山淳氏が僕にする話は、非常に具体的だ。

たとえば。

新しい企画案を仕事相手にプレゼンした結果を話すときも、

「姿勢はかなり前のめりだったし、口元もリラックスしてた。相手はかなり興味を持っていると思う。ただ、最後の提案で急に腕を組んだから、あれは『NO』あるいは『難しい』というサインかもしれないね」

という具合。

そもそも**人類は、相手の意思を読み取ったり、自分の意思を伝えることに地球上で最も長けている生き物**だ。

表情がこれだけ複雑に発達したのも、相手にこちらの思いを伝えるためだし、どの生物よりも細かく動く部位を持っているのも、姿勢やジェスチャーを通してコミュニケーションに役立てるため。

普段、あなたが何気なくやっているしぐさも、癖も、その裏には何かしらの〝考え〟があり、それを自分自身に、あるいは外部に伝える方法なのかもしれない。

「首から下は真実を語る」

21 21日間で超能力者になる方法

観察力を養うという行為は実に奥深く、面白い。だから、目や口、どこか1箇所だけでもいいから、ぜひ試してほしいと思う。

この本で紹介していることを頭に入れて、まずは2週間ほど観察する。

そしたら次は——表現がスピリチュアルっぽくて嫌なのだけれど——相手のことを「感じ取る」。

目や口、眉などの細かい動きがどうこうではなく、相手のことをぼんやり見ていても、感情の変化や、心の動きを「感じ取る」ことができるという意味だが、ここまでいけばメンタリストにもなれる「直感」の域だ。

以前、テレビ番組で人の嘘を見破るというようなことをやったことがあるけれど、見破ったあとに、

「今は目の動きでピンときたけれど、嘘をついているときは、ここやここの筋肉に反応が

出やすいので、たぶん口はこういう動きをしていたと思いますよ」とコメントした。あとで、実際の映像をリプレイして見たら、指摘したとおりの反応が出ていたことがあった。

大切なのは、感覚として自分の体に入れ込むということ。

これは、フォーク曲げの原理も同じ。理屈ではわかっても、実際にやろうとすると知識だけではできない動きや力の加え方があるからだ。

実践するには理論も正しく身につけて、それを体に教えてあげなくちゃいけない。それは自分で試して、身につけることが必要になってくる。

マッスル・リーディングだって、相手によって触れたときの体の感覚や力の入れ方が違うことは、実践で試して初めてわかる。

言葉で「筋肉の抵抗を感じるはず」などと言われても、結局、自分の感覚で感じ取らなくてはいけないし、感覚を養う練習をしなくちゃいけない。

知ってることと、できることは全然違うのだ。

観察で2週間。そして感覚を身につけるのに1週間。早ければ、あなたも21日で超能力者になれるかもしれない。

「メンタリズムは、練習すれば技術になり、身につければ感覚になる」

22 心を読まなくても、性格は当てることができる

そもそもメンタリズムとは、心理学や物理学、人間の錯覚やマジックのようなトリックなどをいくつも重ね、超能力や霊能力かと思うような不思議を作り出し、人間のマインドにひっかかりを生じさせるパフォーマンスのこと。

ひとつのテクニックだけでもパフォーマンスは可能だけれど、さまざまなテクニックを使い「層」を作り出すことで、パフォーマンスに参加してくれる人が、いったい自分がどこで〝ボロ〟を出したのかわからなくなっているところも面白い。

僕がテレビなどでもよくやる「誰が描いた絵かを当てる」というパフォーマンスにも、さまざまな複合技が隠されている。

まず、絵による心理解析や、カラーセラピーの理論を展開しながら、そのときに参加者が見せる顔の表情、体の向きや姿勢といったボディランゲージを読み取る。つまり「観察

力」だ。

一人ひとりの目を見ながら1枚ずつ絵の解説を行っていくとき、誰がどの絵に興味を持っているのか、観察していれば次第にわかってくる。

たとえば。

自分が描いた絵の説明をしているときは、誰でもこっそり注意を傾けている。

前のめりになったり、心の中でうなずくこともあるため、前後の動きが多くなる。そして、話している僕の顔を見続ける。

絵の描き手でない場合は、最初は興味深く聞いていても、どこかの時点で興味をなくし、姿勢が崩れ、しまいには「誰のことを言っているんだろう?」と、その人を探すように目線を動かし始める。

このように、「観察力」だけでもある程度の正解を見破ることができるのだが、ここに「コールドリーディング」のテクニックを加えて、このパフォーマンスを、ただの「当てる」ではなく、心に入り込むための入り口にしてゆくのである。

コールドリーディングとは、主として霊能力者や占い師によって古くから培われてきた、ひとつのコミュニケーションの技法。

コールドとは「事前の準備なし」、リーディングとは文字どおり「読み取る」という意味で、たとえ初対面の人と対峙《たいじ》した場合でも、相手の性別、年齢、学歴、出身地、服装、髪型、持ち物、会話やボディランゲージといったあらゆる要素から情報を素早く収集。**「あなたのことはもうわかっていますよ」と相手に思わせる話術**のことを言う。日本では石井裕之氏によって初めて紹介されたメンタリズムの技法のひとつ。

たとえば。

「赤い色を使うのは、カラーセラピー的な見地から考えて情熱的なタイプのようですね」

とか、

「青を使う人はクールで冷静な人に多いんです」

といった分析を含めて解説しながら、「へえ。自分が使った色にはそういう意味があったのか」と、カウンセリングのように**自分が読み解かれていく気持ちにしてゆくのである。**

僕らはもともと心理テスト自体、単なる統計学にすぎないと思っており、それを基に描き手を特定しようなどとはまったくもって考えていない。だから、その絵を描いた人が本当にそういうタイプなのかということよりも、**むしろそれを解説することで相手の心理を揺さぶることが目的なのだ。**

パフォーマンスで「四角」や「2本の棒線」をよく描いてもらう理由も同様。

実際にこのような心理テストは存在していますが、「長い棒が自分自身を表していて、短い棒はあなたが思う相手を意味しています。2本の線の他に横線が何本も描かれているときは、その線が多ければ多いほど、相手とのより深い結び付きを求めているし、縦の線がいっぱいあると浮気性の人だと言われています」などと、相手がぎょっとするような印象的な言葉を用いて、相手の心に揺さぶりをかけるのが、メンタリズムの手法なのだ。

だから、本当は描いてもらう絵は何でもいいのである。ただし、セラピー的だったり、心理的な理論を展開できるもののほうが参加者や観客の興味をより引く、というだけに過ぎない。

だから、このパフォーマンスのゴールは、絵の描き手を当てて終わりではない。このあとがメンタリズムのメンタリズムらしいところだ。

「この絵は……○○さん、あなたが描いた絵ですね。四角に三角の屋根をつけて、家にしている。家の絵には〝家庭的〟や〝家庭的なものへの憧れ〟という要素もありますから、一見仕事をバリバリやって、しっかり強そうに見えているかもしれないけど、意外と寂しがりやではないですか？」

なぜ、そんなことがわかったのか？

人間はさまざまな相反する側面を持っている。だから、相手の第一印象の逆を言えば、それも真実なり。自立していてしっかりした人だなと思ったら、

「寂しがりやの面がありますね」と言えば、たいていの場合は当てはまる。

これが、コールドリーディングというテクニックなのである。

しかし、もしも相手が口を閉じたり、興味なさそうな顔をしたり、目線をそらしたり、

「ん？」と疑問のあるような表情を浮かべたり、首をかしげたり、眉根にシワを寄せたりしたら？

ハズした！

なんて焦らなくていいのだ。途中で少し方向転換をすればいい。そういう反応を細かく読み取るのもまたコールドリーディングの奥義である。

「寂しがりやといっても、決して弱いという意味ではないですよ。人間が好きで、情に厚い面がある。そのせいでときどき冷静な判断ができない自分もいるのではないですか？」

さて。

これで誰がどの絵を描いたかを当てるという単純な〝当てものクイズ〟が、コールドリーディングを入れることで、ただ当てるだけではなく、絵を通して相手の性格を読み取るという深みのあるパフォーマンスに変わった。

参加者はおそらく、絵に使った色や構図でそんなに自分が読まれてしまうのだろうかと思うだろうし、見ている側にしても、テクニックを何層にも重ねるほどに、不思議さは増していく。

つまり、最後にコールドリーディングを入れることで、

「自分が描いた絵を当てられた」という単純なところから、

「自分の性格を当てられた。完璧に読まれた」

という、より一歩踏み込んだ結果が得られるのだ。

わずか1枚の絵で。

占いのように自分の気持ちや、考え、心まで読み当てられるということは、確かに怖いと感じる側面があるかもしれない。でも、その一方で「実はこの人は自分のことをわかってくれる人なのかもしれない」という、両方の気持ちを思い起こさせるパフォーマンスとして完成している。

だから信頼関係が作れ、相手の心の中まで入り込むことが可能になる。

興味のある方はぜひ、石井氏の著作を手にしていただきたい。

「大切なのは、心を読むことよりも、相手を理解して寄り添うこと」

23 心理戦を制する方法

メンタリズムの中で、いろいろな技術を複合的に取り入れるのには、「わからない」から新たな技術を足す、のではなく、あることの確信を得るためにあえて技術を重ねて、強化するという意味もある。

そのひとつの方法が、「揺さぶりをかける」。

相手をうまく引き寄せて、誘導してしゃべらせる「かまをかける」というのに近いかもしれない。

たとえば。

ある5人のメンバーに描いてもらった絵を床に並べ、誰が描いたものかを読み取っていたときのこと。

その人はおそらくプレッシャーに弱いタイプなのだと思う。平気な顔をして嘘をつけない、いい人という感じ。

その人の目をジッと見て僕は言った。

「今から、あなたの描いた絵を当てようと思います。僕の目を見てくださいね。ジーッと目を見ていてください……」

そんなふうに目を見てプレッシャーを与え続けたら、その人の視線が特定の方向にストンと落ちた。

その瞬間、

「今、視線が動いちゃいましたね。あなたが描いた絵は……これですね」

と言い当てることができた。

プレッシャーをかけ続けたことによって、ポーカーフェイスを崩したのだ。

「今のはわかりやすかったですね」

だったり、

「教えてくれてありがとうございます」

というちょっと挑発めいた僕の台詞は、実はそんな意図があってのこと。

メンタリストは、この見得をきったような、すべてわかっているのだと言わんばかりの断定的な話し方が特徴的。

相手に「嘘などついてもわかりますよ」と踏み込み、実際はわかっていなくてもこちらの嘘には決して気づかせない。

おそらくあまりにも僕がうまくやるもんで、ときどき、

「人が何を考えているのか、手に取るようにわかるでしょう?」

と言われることもあるけれど、残念ながらそうではない。

ここでだけ本当のことを言うけれど、すべて手に取るようにわかっていたら、この仕事はしていない。それは断言できる。

だって、人が考えていることを「すべて」わかったら……あなただって今の仕事はしていないんじゃないかな。

話をもとに戻そう。

僕は超能力者ではないけれど、パフォーマンスをしていてこの仕事が奥深いなぁと感じるのは、操られた人の本当の姿がときどき見えるとき。

自分の本音がバレたとなると、どうしたってみんな照れたような、どこか恥ずかしいような表情になる。

見てもらいたいんだけど、見せたくないぞ、みたいな。

「全部バレてるんだったら、もう何も隠せないよね」

そんなふうに感じると、人間はなぜか子供みたいな笑顔になったりする。中にはさらに隠そうとする人もいるけれど、それはそれでまたその人の性格が読み取れてしまって、「頑張ってるなぁ」と逆に親近感がわいたりもする。

人間は知られることは不安だけれど、知られたい、興味を持ってもらいたい、認めてもらいたいという欲求を持った生き物なのだ。

「揺さぶりをかけて本音を引き出す。平常心を失わせることが心を読むコツ」

24 選択を左右するもの ――なぜ黄色のボールを選んでしまったのか

第2章でも書いたが、人は「自分で選んでいる」と思いながら、実は「選ばされている」ものである。

「選ばせる」ために、僕たちメンタリストはいろんな方法を駆使するのだけれど、最も人が無意識に「選ばされて」しまうのは、潜在意識に関係するときである。

今回のパフォーマンスは、「色」にまつわる、人の顕在意識（スプラリミナル）が関係している。

黒い布の上に並んだ赤、青、黄、緑のボールの中から黄色のボールが選ばれる理由は、この色の持つ性質にある。

黄色といえば、信号、踏切など注意喚起のサインなどに使用されることが多い色。

つまり、黄色は人間の意識に最も鮮やかに入り、強いインパクトを残す色であるという、色彩心理学の概念だ。

さらに、色のインパクトをより強めるために、ここでは潜在意識にトリックを仕掛けている。そのトリックが、４色のボールの上にかけられていた黄色い布である。

潜在意識とは、本人が自覚することなく知覚し、その人の考えや行動に影響を与えている意識のこと。意識下、広義では無意識とも言う。

潜在意識と言うと、どうも成功学とかスピリチュアルのほうに行きがちで嫌なのだけど、メンタリズムではとてもドライで科学的に扱っている。

僕たち人間の体験の大部分は、一般的に〝意識〟と呼ばれる「顕在意識」で情報を受け取っている。

ただ、すべてのことをハッキリ意識しているかというと、そうではない。

ボーッとテレビを見ているようで、実は自分が興味のない情報を意識の中できっぱりと遮断しているように、目から入ってくる情報すべてを認識し、記憶しているわけではないのだ。

つまり、「意識」と「無意識」の両方でものごとを感じ取り、必要なものは顕在意識に残し、それ以外の処理を潜在意識に任せている。

メンタリストがよく使う手法とは、その意識下に潜ってしまった本人もほとんど認識していない出来事の記憶を、意図的にきっかけ（よく〝ふとしたきっかけで〟と言うきっかけのこと）を作って引き上げ、それをさもその本人が思い付いたかのように錯覚させるというもの。


わかりやすく言うと、こんなふうだ。

昼間入った定食屋のテレビで、たまたまラーメンの特集番組をやっていたとしよう。あなたは、番組司会者の言葉に耳を傾け、言っていることを理解し、映像を見ている。食べ終わり、店を出る。チラッと見ただけだったのでその番組のことはすぐに忘れてしまった。それ以降、思い出すこともなかった。

ところが、「今日は弁当でも買って帰ろう」と思いながら家に帰る途中、どこからともなく鶏がらスープの香りが漂ってきた。そこでふと思い付く。

「あ、今日は久しぶりにラーメンにしようかな」

パフォーマンスでは、最初に目にしたのは黄色い布だった。それをめくると、カラーボールが置かれている。

それはすべて顕在意識で認識されているが、すぐに視界からはずれたことで、黄色い布の存在は次の瞬間、潜在意識に落ちる。とっとと片付けられてしまったことで〝どうやらパフォーマンスには関係がないんだな〟という考えが働いたのも大きい。ところが、次に黒い布の上に置かれた黄色いボールを見たときに「黄色」の印象があるインパクトをもって目に飛び込んでくるのである。


布にもボールにももちろん仕掛けなどない。あくまで人間の特性を利用したパフォーマンスだ。いや、これだけで意識をコントロールできるわけない！　もっと秘密があるはずだ！　と思っているアナタ。

色彩心理やスプラリミナルによってあなたが黄色いボールを選んでしまうような状況は、実は世の中にはたくさんある。


何気なくつけているテレビから流れているテンポのいいＣＭソング。

ある洗剤の商品名を連呼している。パッケージの色は、従来のブルー×白じゃなく、鮮やかなオレンジだ。洗剤が切れたある日、あなたはスーパーに行く。思わず頭の中でテンポのいいＣＭソングが流れる。

鼻歌を歌いながらアナタが手に取ったのは、そのＣＭの洗剤――。

ほらね。メンタリストはどこにでもいるのです。

「人は、自分の意思で『選んでいる』のではなく、周囲の環境によって『選ばされている』」

25 オフビート――暗示が入るタイミングとは

メンタリズムを研究すればするほど、人間というものが、どれほど状況や情報に左右されるものなのか、ということをいよいよ実感する。

一見、注意深く耳を傾けているようで、自分が興味のないことは聞いていなかったり、もしくは都合のいいように情報を編集するのと同じように、実は、**「見ているようで見ていない」**こともたくさんある。

僕のパフォーマンスで、「相手に無意識にハートマークを描かせる」というのがある。このパフォーマンスのポイントは、〝ハート〟の暗示を、いつ、どこで、いかに入れるか。もちろん、相手が見ていないところでいくら頑張って見せても、それは無駄な努力というもの。ここは、相手に気づかせないよう、でも認識する程度にはしっかりと視界の中に入れなくてはならない。

僕の場合、パフォーマンスの相手をしてもらうのはほとんどが初対面の人ばかりなので、その人が勘の鋭い人なのか鈍い人なのかまるでわからない。

ただ、暗示を入れるそのタイミングは、相手を何か他のことに集中させておくこと。これが基本である。

僕がパフォーマンスの中でしゃべり続けているのは、そのためだ。

あえて小難しいことを言い、けれど相手が興味を失って聞かなくなってしまっては困るので、

「僕の目を見てくださいね。いいですか？」

などと、ときどき確認しながら相手の注意をひきつける。

誰かの言葉、あるいは目で見る何かに集中しているときは、相手に渡すペンの先でいくらハートのマークを描こうとも、絶対に気づかれない。

「あれ。今、ハートマーク指で描きましたよね」なんて言う人は、間違ってもいない。というか、僕はパフォーマンスの相手として絶対に選ばない。

人が油断している状態を「オフビート」と言うのだが、人が何かに集中しているとき、もしくは警戒心がまったく薄れて油断しているときは暗示が入りやすいと言われている。言い換えれば、脳が止まった状態を狙うのだ。

僕がメンタリストになる直前、学生マジシャンだった頃にやっていたパフォーマンスでも、それを学ぶことができた。

コインを相手の目の前から消し、それをその人の左手に載せるというパフォーマンスだったのだが、相手や観客の視線をまるで違う場所に集中させているときに、気づかれないように左手にコインを置く。

そして、

「うわっ。本当だ。こんなところ（左手）にコインがある！」

と騒いでいただいている間に、今度は後ろポケットから財布を抜いてメモを入れて、また戻したりするものだったのだが（ちなみに、これは詐欺師やスリの常套手段でもあるので、要注意だ）。

人の注意をそらせたり油断させるのも簡単だが、脳を止めた状態に入れた暗示は、ここだけの話、面白いように入る。

ビジネスの場で応用するなら、商談前の雑談のときや、他愛もない立ち話のときを狙うのがベスト。

ちょっと耳に入れておきたい新情報や自社商品の評判、見せておきたい数字……。商談の本筋からは離れているけれど、次にやりたい企画や新商品のアイディアなどをチラッと見せることで、自然な反応を引き出せるはずだ。

「油断しているときこそが、暗示を入れるチャンス。相手がリラックスした瞬間を見逃さないこと」

心の模様を診断する

メンタリズムパフォーマンス⑨

ぜったいハズレないパフォーマンス

メンタリズムとマジックで一番違うこと。それは「当てる」ということに意味がないこと。相手とコミュニケーションをしながら、相手をいかようにも導いていく。それがメンタリズムの醍醐味なのです。つまり、当てないから、ハズレもない。完全無欠のパフォーマンスです。

「5つのマーク」

次の5つのマークから、ひとつだけマークを選んでください。あなたも本を読みながら一緒にやってみてください。

① ○を描いてください

② △を描いてください。そのあとにちょっと難しいんですけど、波線を3つ重ねてウェービーラインを作ってもらいたいんです

③ 次に□を描いてください

④ ☆も描いてください。そして、今描いたものをじっと見てください。そして、ひとつのイメージが目の中に広がってくるイメージをもってください

⑤ さて、あなたはどの模様を選びますか？　選んで◯をつけてください

なぜなら……

丸の上に丸を描くのは描きにくい。「三角」と「四角」は直線の図で、似た絵柄が2つあるため敬遠されやすい。波は説明が一番長く、描き方を想像させながら解説しているので印象に残りやすい。また少し大きく描いておくことで、選ばれやすくなるのです。「いいえ。波を選びませんでした」という人は、「星」を選んだ可能性が高い。波を選ばなかった人には、僕はこう言います。「波？　違う。としたらもしかして君は特別だから星を選ぶんじゃない？」すると、「マークを当てられなかった」ということよりも、『自分のことを特別と言ってくれて、しかもその特別な選択を理解してくれた人』として僕自身が認識されるのです。つまり、このパフォーマンスの目的は「マークを当てる」ことではなく、相手と「近づく」こと。だから、ハズレは存在しないのです。つまり、この流れの作り方こそメンタリズムなのです。

26 なぜメンタリストは失敗するのか？

たとえば5つのものの中からひとつ選ぶとき、たったひと言の説明で終わった4つよりも、長めに説明されたひとつのほうが〝きちんと〟していて良いものかもしれないと思ってしまう心理傾向を、僕ら人間は持っている。

ただし、へそ曲がりな相手にパフォーマンスをする場合はその逆が効果的で、丁寧な説明をしたものよりも、ほとんど説明しないひとつを選ぶ傾向のほうが強い。

パフォーマンスにおけるそのあたりの見極めは、相手の容姿やちょっとした会話からメンタリストの直感を働かせるしかないのだけれど。

さらに、前述のマークを選ぶパフォーマンスのように、一般的な図形とは違うために入念な説明が加えられた「波のマーク」は、他の図形よりもついつい大きく描いてしまいがちだ。

ここではそんな視覚のイタズラを利用しているわけで、「波」は、

「どれかひとつ選んで」

と言われたときにパッと目に飛び込んでくるのに十分な大きさなのである。

この章でこのパフォーマンスを紹介したのは、あなたの思うとおりの図形を選ばせる方法を教えますよというだけではない。むしろ、本書の中でもすでに何度か触れているメンタリズムの本来の目的について話したいのである。


僕がまだ駆け出しのメンタリストだった頃、「メンタリズム」というまるで新しいパフォーマンスを今のようにテレビという媒体で披露するまでにとても時間がかかった。

詳しくは次の章で話をするけれど、「不思議」を見せるパフォーマンスは、すべて手品(マジック)か超能力のいずれかに属するという決め付けた常識が邪魔して、理解されないことも多かったが、それ以外に、バラエティ番組でのやらせ問題の露呈も重なり、「不明確なもの」を扱うことに、どこもピリピリと神経質になっていた。

少しずつだけれどテレビに出る機会を与えてもらうようになり、〝当てるだけ〟のパフォーマンスではありませんと説明をしてもなお、そのピリピリした感じは消えなかった。

「どういう内容をやるのか最初にハッキリ言ってください」と言うのだ。

つまり。

「ここにあるトランプが消え、こちらに移ります」

あるいは、

「あなたが描く絵を透視します」

「手に持った500円玉がコップの底を通り抜けます」

というように、Aといったら Aという結果が出てくるような明確さが求められた。


それは僕らが考えていた、あるいはやりたかったメンタリズムではない。

「この指輪を誰か一人に持ってもらい、誰が持っているか当てて見せましょう」

と言った瞬間、

「当てられなかったら失敗ですよ」

と言っているのも同じだ。つまり、「失敗」を定義してしまっているのだ。


間違いや失敗をしたくないわけではない。マジックのようなBGMが流れ、仕掛けを使い、Aという決まった結果が導き出される従来のものではなく、パートナーになってくれた相手や観客が、どこか「キツネにつままれた」と感じるような心理的なあいまいさを内包した不思議を演じて見せたかったのだ!!


先の図形を選んでもらうパフォーマンスも誤解されやすいもののひとつ。

最初に「選んだ図形を当てます」と言えば、当てて終わり。

そのかわり、当てると言わなければ、ここからいかようにも発展させられる。


「あなたが選んだのは、波ですか?」

「いいえ……」

「星ではないですよね?」

「違います。丸を選びました」

「そうですか。実はこれ心理テストになっているのですが、丸を選んだあなたは、やさしい性格ではないですか? 次のパフォーマンスの最高のパートナーを見つけました。協力してくれますか?」

最初に「波」で当たれば、インパクトはもちろん強い。だが、次の「星」で当たった場合も、

「このパフォーマンスではほとんどの人が波を選ぶのですが、あなたはやっぱり星を選んだのですね」

などと相手に言うことで、

「どうして私が星を選ぶことをこの人は見抜いてたんだろう?」

という心理に誘導できるのだ。

メンタリズムのゴールは、その先、心にさらに近づくこと。

「ＤａｉＧｏは、生放送で失敗したらしいよ!」

なんて騒がれたこともあるが、実は、その失敗だって、僕のメンタリズムのひとつだったかもしれない。……と言うと、あなたは混乱するだろうか?

「失敗こそが、リアリティーを演出するための最良の方法」

27 心をつかむためにすべてを利用する

メンタリストはオポチュニストでなければならない。

欧米ではこんなふうに言われる。機会、好機という意味のオポチュニティがもとで、あえて訳すとご都合主義、便宜主義、目につくものすべてを利用して臨機応変であれということになる。

たとえば、参加者に紙とペンを借りて行うパフォーマンスをやるとしよう。

希望者を募り、その人が手帳を開いて白紙のページを1枚切り取って僕に渡す。その瞬間、几帳面な字で書かれた手帳の中が目に入った。

そのことには触れず、その人としばらくやりとりをしたあとに、

「とても几帳面なところがありませんか？　あなたの思考にそれを感じます。でも、それがあなたの選択を邪魔していますよ」

と言うことで、心理的なインパクトを与えるような効果も期待できる。

最近では少しずつ多様な落としどころを演出することができるようになったが、決まりきったなりゆきではなく、あらゆる「機会」を利用した新しい見せ方に継続的に、果敢に挑戦していきたい。


挑戦といえば、目からうろこだったこんな経験もある。

今では僕のパフォーマンスの定番になった「人の手で目隠しをしてもらう」というアイディアは、海外のメンタリストの映像からヒントを得たものだった。

ここだけの話、その案をプロデューサーの村山氏から提案されたとき、僕は死ぬほど抵抗した。

髪の上から押さえられたら、せっかくメイクさんに作ってもらった前髪がグシャッとなるんじゃないかなんてことや、最悪、前髪が額に張り付いたりするだろうなとも思った。

はたまた、ぎゅーっと押されてコンタクトが瞼《まぶた》の裏に張り付いたりするというアクシデントが起きないとも限らない。

ところが、嫌々ながら試してみたら、見てくれとしても悪くない。

さらには押さえている人の筋肉の反応を通して、対象者の様子が読み取れることもわかった。

おかげで、今まではリスキーだった相手に何かを選ばせるというパフォーマンスに、媒介者のメッセージを読み取るという工程がさらにひとつ加わって、僕にとっては優位に働く結果となった。

それもこれも、試してみて初めて気づくこと。

身近なスタッフとの衝突や抵抗の中で、自分が嫌だと思っている状況や行動に大切なメリットを見つけることは、ことのほか多いものだ。

それらも含めて、現実をきちんと捉え、見つめる観察力はパフォーマーにとっては欠かせない要素。

そして、観察して得た事柄をいかに利用して、何を達成するのか。ここから何ができるのか。それを考えることで、人がワクワクするような新しいパフォーマンスにもつながるのだ。

「メンタリストにとっては、心理学もトリックもツールのひとつにすぎない。あらゆるものを利用して心をつかむ。それがメンタリズムです」

第4章 夢をかなえるメンタリズム

僕がメンタリストになれたのは、獲得した技術や続けてきた訓練の成果。それは、ひとつの夢を実現した、ということかもしれない。メンタリズムは、夢を現実に変えることのできるひとつの方法。あなたのかなえたい夢は何ですか。

28 始まりはフォーク曲げ

今、僕は「メンタリストＤａｉＧｏ」として日々活動している。

おそらく、1年前に「メンタリスト」「メンタリズム」という言葉を聞いて、「あー、あれね」と思ってくれた人は、ほんの少しだったと思う。

初めてダレン・ブラウンのメンタリズムに出会ってから今日まで。まさか、これほどまでにたくさんの人たちに、僕のパフォーマンスを見ていただき、驚いていただける日がくるとは、正直思っていなかった。

どんなことでも、チャレンジしてみて初めて気づくことは多い。

3章の最後でも触れたけれど、想像と現実の間にギャップがないことのほうがむしろ珍しいかもしれない。

この4章では、僕がメンタリストとしての活動を通して気づいたこと、体験してきたこと、学んだことについて話したいと思う。

ダレン・ブラウンの衝撃のメンタリズムに出会った大学時代に結成された、メンタリズム研究会「スリーコール」。現在、僕をブランディングしてくれているプロデューサーの村山淳氏は、当時その研究会メンバーの一人だった。

日本ではまだ無名の「メンタリズム」をいち早く習得し、新しいパフォーマンスとして披露することができたなら、不思議を見せるエンターテインメントの分野にさらなる可能性の扉が開けるかもしれない。

僕と村山は、そんな思いを抱き、日夜……というよりも、主に夜中から朝方まで（笑）、毎日のように集まってはあれこれと研究を重ねたものだった。

超能力で曲げているかに見える軽やかでスピーディなフォーク曲げをマスターし、こちらの思いどおりの選択を相手に強《し》いるいくつかの誘導テクニックをおぼえ、古典的な催眠術を使って相手の手を動かなくさせたり、１秒前には言えていた名前を忘れさせるというパフォーマンスを、レストランなどで少しずつ披露していた２００９年の初春。

テレビ局から初めて声をかけてもらった。

〝Mr．マリックを脅かす〟若手の一人として紹介されることになったのだ。

内容はフォーク曲げだけだったけれど、初めてのテレビ出演という響きにもワクワクしたし、大先輩であるマリックさんを〝脅かす〟などという肩書きで呼んでもらったことにも感動した。これまでの成果を認めてもらえたような高揚感もあったように思う。

先日、久しぶりにその番組の録画を見返す機会があったのだが、たまたま一緒に見ていた弟にさえ「この頃の兄貴、楽しそうだよね」と言われるほど、たくさんの人の前でパフォーマンスをすることが楽しくてしょうがないという表情をしていた。

単純に嬉しかった。慶應義塾大学の学生だった自分は、お金のことや将来のことなど一切考えておらず、楽しいからパフォーマンスをしているのだし、みんなが見てくれていると思うから楽しくできた。

初めてテレビに出て以来、ありがたいことにテレビの出演依頼をたくさんいただいた。

〝超能力としか思えないフォーク曲げを見せるマジシャンＤａｉＧｏ〟

ただ、最初の頃は喜びでしかなかった気持ちが、少しずつ僕の中で変わっていったのだ。先に進みたかった。

とどのつまりは、このひと言につきる。

超能力にしか見えないフォーク曲げをやっているのは、超能力を再現して見せるパフォーマンス「メンタリズム」の入り口だから。入り口で相手を驚かせ、瞬時に相手との間に信頼関係とある種の師弟関係を作り、そして、さらにその先に進むためである。

でも、僕たちはなかなかその先に進めなかった。

水をかけられ、そこから逃げ出そうとじたばたと手足を動かしている虫みたいに、入り口でずっともがいていた。

「やりたいことをするためには、成果を見せなければならない」

29 理解されなかったメンタリズムという概念

順調に開いたはずの夢の扉は、なかなかその先の道を見せてくれなかった。

焦っているはずなのに、僕たちはそれでも、当時はどこかのんきだった。

僕のフォーク曲げには注目してもらえているのだから、テレビの制作サイドが何か新しいものを見たがったときに、「メンタリズム」という新しいスタイルをこちらから提供できるんじゃないか。

他のパフォーマンスはないか？　と言われたときには、フォーク曲げ以外の心理パフォーマンスを入れて、本当のメンタリズムを紹介できるんじゃないか。

入り口までたどり着いたのだから、あとは中に入るだけだと思っていた僕たちは、言ってみれば、ただの世間知らずだったのかもしれない。

手や足でいくら探っても、僕たちが立っていた入り口はまるで「入り口」としてだけ存在しているようで、そこから続く先があるようにはとてもじゃないけど思えなかった。

「メンタリズム？　テレビはひと言でわからないことをやらないんだよね」

「肩書きは〝マジシャン〟か〝超能力者〟でいいよね。ただ、〝超能力者〟はいろいろひっかかっちゃうから〝マジシャン〟でいいでしょ？」


全然わかってない！

と口と心を閉ざすのは簡単だ。でも、それでは意味がない。

何より、僕たちはメンタリストだ。それこそ、相手を自分たちに引き寄せる技術を持っているはずなのだから、それを利用しなければ意味がない。

やりたいことがあるのなら、待っていたのではダメだ。

そう思って、自分たちのほうから番組の制作側に企画の提案や、売り込みにも行った。

しかし、頭でっかちな僕たちの前で、現実はとてもシンプルで厳しい。

「パフォーマンスを見せてもらうとか、そんな時間はこちらもないので、ひと言で説明して。それは何？　手品なの？　超能力なの？」

「いや、手品ではないんです。手品っぽいところもあるけれど、でも超能力でもないです。

超能力は持っていませんから。でも、超能力と同じような現象を見せることはできます。そこにあるのはいくつもの学問で、たとえば心理学であったり、マッスル・リーディングという筋肉の学問であったり、あとコールドリーディングという会話術があったり、他にもさまざまなものがいっぱいあって、いくつもの学問を重ねることに……」

「ちょっとやっぱりよくわからないなぁ」

せっかくもらった時間も、要領を得ないまま終わってしまい無駄にすることもたびたびあった。

もっとも、あの頃は「メンタリズム」とは何か？　を人に説明できるほど、自分たちもよくわかっていなかったのだと思う。

「メンタリズムって何ですか？　聞いたことないですよ。造語ですか？」

「いや、違います。哲学で言う〝形而上〟という意味で、目に見えないものや形のないものを表す言葉です。そもそも霊能力とか超能力のしわざだと言われる〝超常現象〟というものがあるんですが、昔の人はその存在を信じていたけど、それは実は詐欺師の手法なんです。だいたい僕たちは超能力とか霊能力は存在しないと思っていて、そういうものは偽物なんですよ」

今思えば、こんなふうに不明瞭なことをダラダラと話されても、相手も迷惑だっただろう。とどのつまりは、

「でも、やってることはマジックと一緒でしょ？」

「何を言ってるのか意味がわからない。そんなわかりにくいものはテレビでは扱えないよ」

そんなふうに言われて終わったのだから。

マジックがいけないわけでは断じてない。マジシャンという肩書きが嫌なのでは決してない。

ただ僕らは、メンタリズムという新たな分野を切り開きたかっただけなのだ。

「理解しているということは、他人に説明できるということ。他人に理解されないのは、自分が理解できていないから」

30 あきらめなければチャンスは来る

フォーク曲げのみ、1年半ほどやり続けただろうか。

入り口に立ったままなのは変わっていない。でも、くじけずにやり続けてこられたのは、少なくとも僕自身が「メンタリズム」の面白さ、奥深さに魅せられていたからだ。タネや仕掛けのある手品は、練習すればするほど上手くなる。手元が、あるいは指使いが柔軟になる。しなやかに、鮮やかに人を魅了できる。

その一方で、僕はむしろメンタリズムの背景にある理屈を知ることが面白かった。どのように相手を導くのが効果的なのか、それを裏付ける文献はどこにあるのか。人間の隠された特性には流れがあり、いかにそれを誘導できるのか。

僕は、知能と技能の複合技であるメンタリズムの、知能を構成する理論に夢中になっていたのだった。

薬剤師だった母の影響で科学に目覚め、幼い頃から不思議の正体を解き明かしたい！という欲が強かった。なんとも僕らしい理由ではあるのだけれど、大学や大学院で取り組んだ「研究」のような対象にどこかですり替わっていたのかもしれない。

一緒にやっている村山氏がパフォーマンスのアイディアを考える横で、僕は、これだけ努力してても理解してもらえないなら、もうこれ以上説明したり、お願いしたりする必要なんてないんじゃないか。テレビを視野に入れなくてもいいんじゃないか。ひねくれてそんなふうに言ったこともある。

でも、彼は一貫してこう言い続けたのだった。

「いや。やり始めた限りは、成功させなくちゃ面白くない」

2010年、11月。

TBSの『奇跡ゲッター　ブットバース‼』という番組から初めて出演のオファーをもらった。

「奇跡のようなシーンをゲットせよ！」を合言葉に、「これは奇跡だ！」という人物や現象が登場するというバラエティ番組。

そこでディレクターの岡宗秀吾氏に出会ったとき、あれほど厚く重かった扉がほんの少しだけ開いたのだ。

「フォーク曲げ以外に、どんなマジックがあるの？」

それまでと同じように聞かれた。

「僕らがやっているのはマジックではなく、メンタリズムといって……」

それまでと同じように僕は夢中で答えた。

すると、こんな言葉が返ってきた。〝それまでと同じ〟ではない言葉を、僕らが耳にした初めての瞬間だった。

「その説明じゃ難しくて簡単にはできそうもないけど、でもそこをなんとかするのがテレビ屋だからなぁ……。面白そうだから、なんとかしてあげたいけど、メンタリズムとは何なのか、聞いた人が理解しやすいように、せめて1行で説明できないかな？」

すると村山は、にやりと笑ってこう答えた。

「科学とロジックで超常現象を再現する、それがメンタリズムです！」

そして。この言葉をきっかけに、今ではすでにお約束になったこの決め台詞が誕生したのである。

そう。それまでは僕らは、要点もなく、ただ思いつくままにダラダラと話していた。メンタリズムが何かを知らない相手に、複雑でわかりにくい説明をしていたのでは相手が理解できるはずもない。

「メンタリズムとはなんぞや?」

それをすっきりと1行にまとめるためには、発信する側である僕らがきちんと見直し、把握しておく必要があったのだ。

この村山の言葉がきっかけで、初めてテレビで「メンタリズム」というフレーズを使い、フォーク曲げを入り口に、声だけでその人の持ち物を当てるボイスメトリー、そして参加者に絵を描いてもらい、その描き手を当てるマインドリーディングのパフォーマンスがテレビで取り上げられた。

『ブットバース!!』がオンエアされた翌日、GoogleとYahoo!の検索エンジンで、「メンタリストDaiGo」が検索語句第2位となり、さらに週末のニュースで取り上げられることになろうとは、想像だにしていなかった。

「短い言葉ほど、記憶に残りやすく、理解もされやすい」

31 DaiGo流メンタリズム ——日本の国民性に合わせた独自のメンタリズム

「不思議を見せるパフォーマンス」と聞いた瞬間、日本ではすぐに超能力か、あるいは仕掛けのある手品の類《たぐい》をイメージするのではないだろうか。

それがいけないわけではないけれど、その仲間入りをすることは、僕らにとっては何の面白みもないことだった。

どうしたらそこの壁を突破し、ひとつのジャンルとして確立することができるのか。

それが、当時二人三脚で歩んでいた僕とプロデューサー村山氏の課題だった。

「メンタリズム」という言葉を使ったテレビでのパフォーマンスを終え、ようやく僕らは出発地点に立てていた。入り口でドアを開け、人々にようやく中に続く廊下を見せられたような感覚。

さらに先に進むためには、従来のものとは「違う」ということをもっと理解してもらわなくちゃいけない。

「これは従来のマジックとどう違うのか」

「メンタリズムのいう〝科学〟とは何か？」

そんな説明を求められたときのためにも、背景にある科学やロジックをきちんと説明できるようにしよう。見てくれる人に納得してもらえるものにしよう。


だが、たんに違いを強調する役割だった「科学」、つまり心理学がにわかに脚光を浴びてしまった。新しさもあってか、パフォーマンスを、なんと「心理学のみ」でやってほしいと言われるようになってしまったのだ。

これにはちょっと面食らった。

他のテクニックと少しずつ力を出し合って戦う〝チームプレイ〟であるはずのメンタリズムが、野球でいえばバッターだけでプレイをしてほしいと言われたようなもの。誰かに球を投げてもらわなければ、打つことはできない。

「心理学は統計学ですから、それだけでパフォーマンスを行うのは無理です。カウンセリングを思い出してもらえばわかると思います。もちろん心理学は使いますが、手品でいうトリックも使うし、コールドリーディングの話術も使う。フォーク曲げだって、それ自体は心理学ではないですし」

そう説明はするけれど、なかなか受け入れてもらえない。

話は少し脇道にそれるが、海外のメンタリズムにおいてはスピリチュアルの要素が比較的強い。

イギリスで活躍するメンタリストのキース・バリーは、心理学の要素を取り入れていると言いながら、「すべての人の心の中に神から与えられた〝ギフト〟があることを僕は信じている」とスピリチュアルがかったトークを展開するし、日本で大ヒットした『心を上手に透視する方法』の著者として知られるドイツのメンタリスト、トルステン・ハーフェナーも「僕自身にも説明できない〝何かの力〟が働いているようだ」という言い方をする。

最近フランスで出てきたエリック・フェアーソンは、人のボディランゲージを読み取ってその人の次の行動を予測することができると言うけれども、自身の肩書きを「メンタリストであり、ゴーストハンターである」としており、フランスの番組内で「テレパシーを使うのがメンタリスト」とも紹介されているのである。

だから、1999年にデビューしたダレン・ブラウンが彼自身の初めての冠シリーズ番組である『トリック・オブ・ザ・マインド』で見せた、心理学を背景に匂わせるパフォーマンスはまさに新しいスタイルだった。

ダレンは僕のように直接的に説明はしないけれど、基となっているテクニックを暗に匂わせ、見ている側に考えさせるようなパフォーマンスを展開する。

僕の場合は、こういう技術を使って誘導している、暗示を入れていると明かしているため、リスキーではあるものの、エンターテインメントをそのまま享受するというよりも、その裏を探ろう、仕掛けを探してやろうという気持ちの強い日本の土壌では、手の内を明かし、マジックや超能力との違いを明確に言ったほうがハマるだろうと僕たちは考えたのだ。

本書を書いている2012年現在、パフォーマンスはすべて心理学やトリック、ロジックに基づくもので、そこに超能力や霊能力の類は一切ないという言い方をしているのは、僕とダレン・ブラウン（とバナチェック）だけだ。

僕も含めて**人は弱いものだし、何かにすがりたいと考える人もいっぱいいる**から、スピリチュアリズムにのせたほうがビジネス的にも大きく発展できるのは間違いない。事実、宗教やスピリチュアルの分野で、すでにメンタリズムの言葉を使ってビジネスをやっている人たちが存在する。

伝説のマジシャンであり、超能力や超常現象の主張を科学的に究明する調査委員会「サイコップ」の創設メンバーでもあるジェームズ・ランディ、通称「超能力バスター」は、これまで多くのテレビ番組などを通してオカルトやインチキ霊能力者、自称占い師などのエセ〝超能力〟を暴いてきた人物なのだが、その理論は僕とまったく同じだ。

つまり。

世の中に存在しているものはすべて解き明かせるものであり、逆を言えば、超能力や霊能力の類なんて、科学の力でいくらでも再現できるのである。

人は、自分の目で見たこと、体験したことを「真実」だと錯覚しがちだが、**自分の目で見たから、あるいは自分の体で体験したから本当だとは言い切れないと、僕はメンタリズ**

ムを通して、みなさんに伝えたい。

「自分の目で見て、自分で体験したことが、真実とは限らない」

32 メンタリズムを否定された日々

心理学だけでパフォーマンスを行ってほしいという〝縛り〟は、テレビ出演を重ねるにつれ、少しずつなくなっていった。

〝違い〟を示すために、パフォーマンスを行うたびに心理学や物理学といった裏付けとなる理論を明示して、あえて明かすということを続けているうちに、僕らがやろうとしていることが少しずつ認知されてきたと言ってもいいかもしれない。

もちろん最初は、メンタリズムを構成している要素について説明しなければわかってもらえないと話をしていたのだが、そのうち、少しずつ様相が変わってきた。

パフォーマンスの裏にある理論を頑張って解き明かそうと、考えてくれる人たちが現れたのだ。

つまり。ただたんに見て、「面白かった」「不思議だった」ではなく、

「えっ、どうなってるんだ？」

「今のって、どこかにタネが書いてある本はあるのか？」

そんなふうに「解き明かす」ことが面白い、という形のエンターテインメントになってくれたのだ。それを新しい感覚だと面白がる人がいてくれたおかげで、「メンタリズム」というみんなが知らない言葉が、一気に一人歩きしてくれるようになった。

しかし、メンタリズムの熱のようなものは、僕を逆にものすごく冷静にさせた。

誤解はしてほしくないのだが、僕は、今でも人前でパフォーマンスを行うことを楽しいと感じている。そのことに変わりはない。

でも、無邪気に喜び、楽しんでいるのとは少し違う。いつの頃からか、パフォーマンスをやることの「意味」——これをやることで次はどういう効果が期待できるだろうと考えるようになってしまったのだ。悪いことではないかもしれないが、僕にとってメンタリズムはいつしか「娯楽」ではなくなってしまったのだ。

昔感じていたあの楽しさを失っていたらたぶん今は続けていないだろうし、逆に壁にぶつかり、考える機会がなかったら、もしかしたら今のようにいろいろなところに呼んでもらうことはなかったかもしれない。

すべてのことはやはり必然だったのだ。

最初からメディアに持ち上げられていたら、これほどいろいろと工夫もしなかったし、どこかでメディア側の言うがままになっていただろう。

テレビ局にある意味鍛えられたのも、結果、良かったのだと思う。

そして、今自分があるきっかけをくれたのが、あのときにいろいろなことを僕らに言って、教えてくれた人たちであり、それは、

「メンタリストなんて、なんだよそれ」

「メンタリズムなんて知らないよ」

と言っていた、アンチメンタリズムの人たちだったように思う。

「批判されることで理論は洗練される。否定も受け入れ、利用すること」

33 臨機応変なメンタリズム

心理学だけでパフォーマンスはできないという話をしたが、これを読んでいる人の中には、「メンタリズムって心理学をもとにしてるんじゃないの？」「心理学だけでどうしてできないの？」と思う人もいるかもしれない。

ここで少し、心理学とメンタリズムについて話をしたいと思う。

心理学とは、実験によって得られたデータを統計的に処理することによって人の心理を解き明かす学問のこと。統計を頼りにパフォーマンスはできないけれど、パフォーマンスをする相手の心理状態を把握するために、心理学を参考にし、応用しているという感じだ。

メンタリストは詐欺師とも似ていると第2章で話したけれど、詐欺のテクニック＝心理学でないことは明白な事実。彼らや僕らが使っているのは、心理学の知見に基づいた心理的誘導と言ってもいいかもしれない。

そして、詐欺師が偽のオフィスや電話番号、名刺といった小道具を使って、さも立派な裏付けがあると装うように、僕は場合に応じて「今、目線でわかってしまいました」というトークやトリックでその心理的誘導を確実なものにするのである。

心理学が統計学であるというのは、つまりこういうことだ。

たとえば、腕を組むという行為は相手からの干渉を拒否したり、自分をガードしているサインだと行動心理学では言われている。

ただ統計的にはそうだというだけで、厳密に言えば、相手が最初から腕を組んでいたのか、あなたと話している最中に腕を組んだのかによっても解釈は変わってしまう。

最初から腕を組んでいる場合は、あなたに対して最初から懐疑的なのかもしれないし、あなたが発信するであろう何かから防御している姿勢かもしれない。

また、途中から腕を組んだ場合は、あなたが話している内容に途中から興味を失ってしまったのか、あるいは反論が出てきたのか。もしくは、外部からの情報を遮断して少し考えたいんだよねというサインかもしれない。

いずれにしろ、もしあなたが心理学の研究結果だけを真に受けて、相手が腕を組んだら「拒否の反応」と決めてかかったり、万が一、それをきっかけにあなたが話を途中でやめることになってしまったら、たんにマニュアルに踊らされただけになってしまわないだろうか？

つまり。AだからBであるという断定的な見方は意味がないと思うのである。

あなたが話しているその人が、日頃から腕を組むことを癖にしている人だったらどうだろう？

いつも自分をガードしているタイプだから、そういう癖がついた？

それもそうかもしれない。

そもそも懐疑的？

そうかもしれない。

日常でメンタリズムのテクニックを取り入れ、人の心をつかみたいなら、すでに3章でも触れているようにまず「相手を観察することが重要」。そして、そのしぐさや行動に隠された意味を考える癖をつけることが大事なのだ。

話をしている相手は、「なぜ腕を組んだのか?」

その動作はどこからきているのか。

それを考えることによって、相手への見方が広がってくる。


事実、僕が以前話をした人は、足を大きく開き気味に立ち、ことあるごとに腕を組む人だった。

そういう人は、「人を見下すタイプ」と思われがちだけれど、でも、その人は決して上から目線のタイプではない。威圧感はない。厳しさはありそうだけど面倒見も良さそうで、むしろ熱いタイプだ。


もしかすると、普段から腕を組む癖を持っているのかもしれない。

腕を組む癖が身につく環境や状況にあるということは、誰かを指導する立場だったのではないだろうか?

指導者でなくとも、スポーツで上に立った経験や、学生時代にサークルや部活の代表やキャプテンの経験があるかもしれない。

外見は、色が浅黒く、体つきもしっかりしている。

休日、草野球のコーチをやっているなどの経験があるんじゃないか。

そこで、折をみて聞いてみた。

「何かスポーツをやっていらっしゃいませんか？　もしくは、あくまで推測ですけど、面倒見のいいタイプにお見受けするので、コーチとかやっていらっしゃるかなと思ったんです」

と言うと、すかさず、

「おっ。どうしてわかったんですか、休みの日に少年サッカーのコーチをやっているんですよ」

と答えが返ってきた。

大事なのは、推測が当たるかはずれるかではない。

たとえ推測がはずれても、世間話に発展し、学生時代の話や相手の休日の過ごし方を聞き出すことができるかもしれない。

ここが重要。

「いやぁ、面倒見はいいかもしれないけど、コーチはやったことないですね。学生の頃は剣道部に所属していたんですけどね。今は忙しくて。休みもままならない」

これだけの会話でも相手との距離が少し近づいたはず。


面倒見のいいタイプである。コーチの経験はないけれど、学生時代は剣道部に所属していた。今は休みもとれないほど忙しい日々を送っている。

ここまで情報を得られれば、ここから先はいくらでも話を広げられる。

メンタリズムのパフォーマンスにおいても、日常で人の気持ちをつかむコミュニケーションにおいても、大切なのは統計とか傾向などという知識ではなく、出てきた情報をうまく活用して対応する、その臨機応変さなのかもしれない。


「学問としての心理学ではなく、経験と実践に基づく心理術がメンタリズムである」

34 自分の人生を変えた体験

あらゆる状況を「活用する臨機応変さ」という見地から、僕自身のことを少し話したいと思う。

子供の頃、僕が偶然作り出した〝あるきっかけ〟によって、（今思えば、あまりおすすめできる〝きっかけ〟ではないのだけれど）周囲の環境が変わり、その変化を自分が活用したことで世界が変わったという僕自身の経験をみなさんに知ってもらいたいと思うからだ。

その〝あるきっかけ〟とは、僕がかまを投げた、というものだ。

かま、漢字で書くと「鎌」は、雑草を払ったりするための、三日月型の刃を持つ、例の片手用の刃物のこと。刈りやすくするために頭が重くなっていて、アニメや漫画では見たことがあったけれど、投げると本当にくるくるとよく回転して、工作室の壁にバンッと突き刺さった。

だから、あまりおすすめできるきっかけではないと前置きしたのだ。

もちろん、誰かに向けて投げたのでは決してなく、ちょっと脅かす意味で投げたら思いがけず力いっぱい投げてしまったというわけなのだけれど。中学2年のある日、どうにも聞き捨てならないことを同級生に言われて、いよいよ堪忍袋の緒が切れた。

それまでずっと我慢していたから、その反発力も大きかったのかもしれない。小学校に入ってから中学2年まで、ずっといじめられていたのだから。

やり返すのは怖かったし、自分がいじめられる原因は、周りと何かが違うからに違いない。だから、なるべく目立たないようにおとなしくしていた。いじめはいつか終わるんじゃないかと思い……いや、厳密に言うと願いながら、環境や状況、いじめるやつらが変わるのを待っていた。

でも、何も変わらない。

あまりドラマチックにするのは嫌なので結論から言うと、それで鎌を投げたというわけだ。

数日、学校を休み、すごすごと登校したら周りの反応が変わっていた。

そりゃ、突然鎌を投げるやつは危なくてしょうがないから、それまでと見方が変わっても当然なのだけれど。

その変わりっぷりが最初は衝撃で、次第にちょっと面白くなっていった。

自分が何か行動を起こしたら、自分が見ている世界もこんなに変わるんだ。

じゃ、もっと自分が変わったら、世界はもっと変わるかもしれない。

だから、すべてをひっくり返してやれ、と思ったのだ。


理科は好きだったけれど勉強はしなかったので、227人中224位だった。

すべてをひっくり返すなら、上から3位以内に入らなくちゃいけない。

だから猛勉強した。

ぽちゃぽちゃに太っていたので、ダイエットもした。

朝は少しだけ早く起きて走ったり、遅刻ギリギリの時間に出て全力疾走したり、砂糖入りの飲料は一切飲まず、体重を落とした。

眼鏡を外して、コンタクトに。

髪の毛もクルクルの天然パーマだったので、こっそりストレートパーマをかけてまっすぐにした。

それまで定番だった通学路まで変えたほど、徹底改革。とにかく全部変えようと思った。

没個性だった自分から、今度は独自の個性を突き詰めた方向に。

そのうち行き過ぎちゃって人がやらないことしかやれなくなり、こんなふうになってしまったわけだけれど、ベクトルの力関係が見えたようで、今振り返ると貴重な体験だった。

自分が動きを変えると、相手が得るイメージも変わる。

メンタリズムの誘導もまさにそうだ。

動き、声のトーン、ジェスチャーを変えるだけで、相手が選ぶ物を変えたり、コントロールできる。そこにルーツがあるのかもしれない、もしかしたら。

「自分を変えたいなら、自分を取り巻く環境や普段の行動のすべてを変えること。あらゆる変化を自分が変わることへの暗示に利用する」

35 失敗を恐れず、恥じず、利用すること

失敗——。この言葉は、おそらくどのパフォーマーにとっても決して嬉しいものではないはずだ。

失敗は本来許されるものではないのだから。

実際、テレビで目にするパフォーマーは、ほとんど失敗したことがないわけで、ここでだけ明かすが、過去の僕の失敗もオンエアされなかった。ほんの数回だったけれど。

相手に入れたはずの暗示がしっかり入っていなくて、もしくはダメ押しでもう1回暗示を入れておくべきだったのに、そのままいってしまい、相手の心を読み違えることもあったのだ。

もちろん、テレビでは失敗はご法度《はっと》だから、これまではオンエアされずにお蔵入りだったわけだけれど、生放送は隠しようがない。

著書『人の心を自由に操る技術』のプロモーションの一環として、期間限定で『笑っていいとも！』にレギュラー出演が決まったとき、僕とプロデューサーの村山氏の中では、失敗の可能性はおおいなる懸念だった。

先にも書いたが、日本のテレビは、失敗テイクをオンエアしないメディアなのだ。せっかく声をかけていただいたのに、迷惑をかけるわけにはいかない。

ただ、著書の中で「メンタリズムとは何か」を文字で解説していたことも大きかったのかもしれない。パフォーマンスの打ち合わせをしているときに、番組ディレクターの出口氏が驚くことにこう言ったのだ。

「トリックとかは使わず、心理学をメインにガチで勝負してみようよ。生放送だけど、失敗は失敗でいいから。やってみよう。それがリアリティーだから」

そうしたら、本当に大失敗。番組がCMを挟んでも、僕はまったく何も当てられないままでいた（笑）。最終的になんとか形はついたが、これまでの成功するだけのパフォーマンスとは大違いだった。でも、それが結局視聴者をハラハラドキドキさせ、意外と好評だったとも知らされた。

そのとき初めて、メンタリズムというものが確固たるタネのあるマジックではなく、視聴者とともに解き明かすパフォーマンスであり、かつ、失敗する可能性があること、そして、その一発勝負的なリアリティーが見ている人をドキドキハラハラさせて、それが見どころのひとつになることが明白になった。

毎回、毎回100パーセント当たるのであれば、
「ああ、どうせまた当てるんでしょ？　手品と一緒だから」
と誰もが思ったかもしれない。
手品ではない、違うんだ。
僕らがずっと言っていたのに伝わらなかったことが相手に届いた瞬間だった。
『笑っていいとも！』ではいくつかの発見があった。
その大きなひとつが、失敗したことで視聴率が下がらなかったこと。
それは、テレビの制作サイドにとっても驚きだったはずだ。
それ以降、『笑っていいとも！』では、他では躊躇《ちゅうちょ》していた失敗する可能性のある難し

いパフォーマンスもできるようになった。

成功したら奇跡、メンタリストの勝ち。

失敗しても、リアリティーが生まれ、視聴者は期待と不安を胸に抱きながらチャンネルを変えずに最後まで見てくれる。

これまでさまざまな人と共演させていただいたが、『世界ふしぎ発見！』で、ご一緒した草野仁さんは手ごわかった。

結論、僕は草野さんの心を読めなかったのだ。

言い訳をさせてもらうと、草野さんが立っていたところは距離も離れていたし、1段高いところにいたので本当に読みにくかったのだけれど、ただ、横にいた出水アナウンサーには思いっきり反応が出ていて、彼女の反応を信じればよかったと思ったほど。

ただ、僕が失敗したあとに出演者の野々村真さんが正解したのだけれど、そのときに「いやぁ、僕のほうが心を読めちゃった」というようなことを野々村さんがおっしゃった。

このコメントをぜひ使ってもらいたいと思ったのだ。

それには、僕の失敗をカットされちゃ駄目だと思った。

だから、こうつなげた。

「いや、未熟でした。草野さんの心を読み切れませんでした。芸能界でこんなに読みにくかった人は初めてです。ぜひ、また次回精進してきますから、チャレンジさせてください」

見事、次の出演回では、出水アナの顔から答えを読ませていただき、賞品までゲットできた。

メンタリズムは失敗する可能性もあるとは言っているものの、失敗は決して嬉しいものではない。

裏話を明かせば、いつだって楽屋に帰ってうちのプロデューサーの村山と反省会なのである。

ただ、これまでご法度だったパフォーマーの失敗が堂々とテレビでオンエアされ、それを視聴者が楽しむという状況を作り、しかも、次にまたチャレンジさせてもらえるという機会を生み出すのもまた、メンタリズムの奥深いところなのかもしれない。

「失敗することは、ときには成功することより
多くの成果をもたらす」

36 コミュニケーションにおけるメンタリズム

失敗という側面で言うと、これまでのマジックや、あるいは火を吹いたり綱渡りのような超人系のパフォーマンスでは失敗など許されるわけもなかった。

だが、ここもまた超常現象の再現のようで非常に面白いのだけれど、メンタリズムがサイエンスになる前から超能力者たちがみんな工夫していたことでもあるのだ。


超能力者や霊能力者と呼ばれる人たちが、過去のテレビ番組などで、

「今日は体調が悪くてパワーが出ない」

とか、

「今日は何だか視界がぼやけてよく見えない」

と言っているのを見たことがある人はいるだろうか。


もちろん、そうやって先に牽制したり、パフォーマンスの間にこういうことを口にする

のは、本当に体調が悪いわけじゃない。ときどきそういうことを言ったり、調子のよくない様子を見せることによって、彼らは3つの効果を得ることができるはずだ。

ひとつは、もちろん失敗しても大丈夫という保険になる。

2つ目はリアリティーを持たせられる。本物感が出る。

最後に、やっていることは単純だったり、大したことでなくても、ありがたみを感じさせることができる。

たとえば。

あなたの目の前の人が着ていたジャケットを脱ぎ、シャツの腕をまくり、鼻から息を大きく吸い込んで汗をぬぐい、「ちょっと待ってくださいね。今、集中しますから」などと言ったら、あなたはどう思うだろう。

なんだか大層なことが起こるらしいぞ、と思うはずだ。

それがプロのボディランゲージ。パフォーマンスの信憑性を高めるために、自分はこんなにも頑張っている。これから行うことはそうそう簡単にできることではないのだと労せずに思わせることができる。

これがパフォーマーでなくインチキ霊能力者で、「こんな大変なことをやってもらうんだから、お布施はいったいいくら出せばいいんだろう」と思ってしまっては大変だ。

ボディランゲージは決して悪いことではない。曲芸でもあのダダダダダという太鼓の音があるから気分も盛り上がる。

ただ、ボディランゲージを使って、自分の能力の付加価値を高めて売名行為に出たり、報酬を吊り上げるのはもってのほか。エンターテインメントであるなら、少なくとも、見てくれる人の時間の付加価値を高め、満足感につなげなければならない。

プロデューサーの村山は、僕がテレビに出るようになってから、多くの事柄を指導してくれた。それは立つときのポーズ、ポケットに手をつっこむ位置、顔の角度、しゃべるスピード、台詞の一字一句から、普段の立ちふるまいまで、多岐にわたった。

実は僕はへそ曲がりだから、いかにもなボディランゲージをするよりも、合理的にさくさくとこなしていきたいのだけれど、村山は「演出もプロのメンタリストのひとつの要素」と言う。それはおそらく、正しかった。今の成功は、間違いなく、このボディランゲージの指導による、ブランディングに大きく起因しているだろう。

またメンタリストに大事なのは、筋をひとつに決めない勇気……とでもいうのか。

生番組の面白さを教えてもらった『笑っていいとも！』では、一度披露した演目からさらに深い味付けを思い付き、内容が広がったものもたくさんある。


そのひとつは、椅子取りゲームで最後に誰が座るかを当てるパフォーマンス。

最初は目隠しをした状態で、単純に最後に座ったのは誰かを当てた。

そのときに、人の歩くスピードや、あるいは椅子の形を限定して脇や後ろから座りにくいタイプの椅子を使ったら、最後に座る人をコントロールできるんじゃないか？　と思い付いたのだ。

そこで、最後に残すひとつの椅子の裏にその人の名前を書いて貼っておき、足音とか最初に歩くタイミングを見て、その人が止まるように曲のタイミングを調整した。

『いいとも！』同様、目隠しをしたまま、最後に椅子に座った人を言い当て、その後、「これは偶然ではなく、最初から決まっていたのです。椅子を倒してみて」と言う。椅子を倒すと、後ろにその人の名前が書いてある。

これは一度、AKB48の大島優子さんを相手にやったものだが、もしも、大島優子さんが座らなかったらどうなったのか？

椅子の裏の予言には触れず、単純に誰が座ったのかを導き出せばいい。

メンタリズムは、答えがひとつでないのも特徴だ。

相手が考えたものを読み取るパフォーマンスで、その内容を先に書いておいたら「誘導」だ。

同時に書いて見せたら、「テレパシーの再現」。

あるいは「共時性」とか、「シンクロニシティー」だと言える。

相手の目を見て読み取ったら、これは「読心術」というパフォーマンスになる。

マジックはあくまでも、スタートからゴールまですべて段取りや結果が決まっているため、同じところに落ちなければ成功とは言えない。でも、メンタリズムの場合は、相手が変われば、現象も変わる。

トリックだけでない面白さがここにはあるのだ。

以前、何度か、暗示が入りやすいようにと考えて並べておいたアイテムを、番組のスタッフが、ただ並んでいればいいだろうと適当に並べなおして出されたこともある。出てきた並びを見て愕然《がくぜん》としたが、そういう状況になったら、それはそれで面白い。そこからどうするかを考える。

人間関係でもビジネスでも同じこと。

このオチに持って行こうと最初から決めてかかって打ち合わせをしたり、商談をしたのでは、相手にも相手の都合があるのでなかなか決まらない。

だから、ある程度の揺れ幅を予測して、決めてかからないことがメンタリズム的だ。状況に応じて、「相手はおそらく細かいデータを気にしそうだから、ちゃんと数字を出してあげればうまくいくだろう。じゃあ、こっちの数字の資料を出そう」とか。逆に相手が、数字ではなく、人と人とのつながりを重んじそうな人の場合は、現実的な数字を出すよりも、

「私はあなたと仕事がしたいんです」

と熱意を伝えたほうがいい。数字の資料はサラッと流すだけにして、商品コンセプトの

部分やトークの部分を重くしようとか。
これはまさにメンタリストのやり方と言える。

「コミュニケーションとは相手をゴールに導く作業である」

おわりに

今回の本はこれまでと違う、何が違う？　何よりも違うのは僕の語り口調で書かれたことでも、日常で使える心理学のお話でもなく、やはりパフォーマンスの仕組みについて書いたこと。そして、どうやってこれまで日本でまったく知られることも、知られようともすることもなく、また知ろうにも知る術もなかった「メンタリズム」という新ジャンル。それを、新たに世間一般に、いかに根付かせることに成功したかのその顚末を赤裸々に書いたつもりだ。

もちろん本もまたパフォーマンス同様エンターテインメントである。面白い本にするのにだらだらと長い話はいらない。そのため、この1冊で何もかもをすべてつまびらかにできてはいない。

僕がプロのメンタリストになれるまでにかけた費用と時間と努力と苦労。そこには、この1冊ではとうてい足りない、たくさんの事柄や事件や学習や物語が詰まっている。

たとえば、僕ら……メンタリズム研究会スリーコール代表の村山と僕のコンビは、それはそれはたくさんの事柄を勉強してことに当たった。

日本にいてはその空気や質感さえ捉え難かった本場のメンタリズムについて少しでも知るため、僕はありとあらゆる資料を海外から探し出しては購入し、片っ端から読み漁った。

村山はメンタリズムの歴史や最新シーンを知るためにYouTubeや海外動画サイトを目を皿のようにして見続け、少しでもメンタリズム関連の記事が掲載された海外サイトを探し当てては翻訳して目を通していった。

さらに、僕らがメンタリストとして世に出ようとしていた2009年。僕らは本当にメンタリズムという名称を使うべきか、それとも日本向けに新たな名称を作るべきか協議し、「メンタリズム」も「メンタリスト」も一切検索サイトにヒットしないワードであるのを確認してからリリース資料を作ったりした。

もちろん、それらの努力がすぐに実を結ぶわけではなく、それについては本書にてもろもろ書いたつもりだ。ただ、その時間の積み重ねを1冊の本にまとめるのは難しい。これからも、思い出したこと、伝えたいことは公式のメルマガで配信していこうと思う。興味のある方は僕のサイトを見てもらいたい。

でも概要としては、この本と同じ流れを踏襲すれば、あなたもメンタリストになれるのは間違いがないと信じている。ただし、そこには僕同様の偶然の出会いやさまざまな努力と学習が必要となるけれど……。

努力は誰にでもできるけど、出会いについては運も大きい。それでも、何かを始めなければ、外に向かって発信し続けなければ、出会いの運など訪れもしない。

出会いといえば、僕の本にちょいちょいと出てくる人。すぐ前にもその名が出てきた、僕のプロデュースを手がけてくれた村山淳氏。彼には感謝してもし足りない。

僕よりもずっと長くメンタリズムの歴史やパフォーマンスの研究をしてきたにもかかわらず、これまで培ったすべての知識やスキルを無条件に僕に明け渡し、すべてを僕の手柄にさせてしまったのだ！　しかも、まったくお金にならぬ日々でも、ひたすら僕を叱咤し励まし、一挙手一投足、それは本当に指先の角度から、足先の重心のとり方に至るまで指導を続けてくれた。当時の僕は……まあ、今もあまり変わりはないのだが、エンターテインメントというものに理解力がないし、興味が無い。「これがメンタリズムです！」とカメラに向かって指をさす。そんな格好つけなど恥ずかしいやらなんやらもうだいっきらいなのだ（笑）。そんな僕に「3年間だけやってくれ。それまでにお前を絶対スターにしてみせるから」と言い続け、初めは詐欺師かと思ったけど、本当に今毎週のようにテレビに出る人にしてしまった。びっくりだ。自分のことながら凄い人と出会ってしまったものだと思う。普段はシャイなので真顔で言えないことを書こう、どうもありがとう。人は一人でできることなどたかが知れている。村山はいつも言う。「自分を見る目はない。誰かを通してしか自分を確認することはできない」と。自分を客観的に外から見る目を手に入れられた僕は、相当に幸せものだと思う。

最後に。僕を支えてくれるすべてのファンと、この本を最後まで読んでくれた読者にお礼代わりに、僕がショーの最後にかならず話すことをここでもう一度伝えたい。

誰もが大なり小なり自分の夢を持っている。それをかなえたいと漠然と考える。だけど、どこかでなんとなくあきらめている。本書で書いたように、夢は簡単にかなうものではない。毎日ちょっとずつでもいい。積み重ねて進むことが大事だ。そして外に向けて発信しないと駄目だ。恥ずかしがることや、いつくるかもわからないいつかのために、力を溜める日々など必要ない。すぐに試して、失敗を積み重ねながら研鑽すべきだ。

超能力ですら再現できたのだ。あなたの夢もきっと実現できるはずです。

メンタリストＤａｉＧｏ

メンタリストDaiGo

「すべての超常現象は科学的に再現できる」を信条に、科学・心理学に基づいた解析を行い、暗示、錯覚などを用いて超常現象を再現するパフォーマンス〝メンタリズム〞を行う。現在日本で唯一のメンタリズムパフォーマー。メンタリズム研究会『CALL³（スリーコール）』に所属。日夜メンタリズムの研究にいそしみ、さらなる人間の脳と心の解明に取り組んでいる。その他著書に『DaiGoメンタリズム　誰とでも心を通わせることができる7つの法則』『人の心を自由に操る技術　ザ・メンタリズム』『メンタリズム　恋愛の絶対法則』など。

http://www.daigo.me/

講演・パフォーマンスの依頼は、メンタリズム研究会『CALL³（スリーコール）』まで。

village3shop@gmail.com

これがメンタリズムです

メンタリストになれる本

2012年11月10日　第1刷発行
2019年 1 月31日　第5刷発行

著者　DaiGo

発行者　見城徹

発行所　株式会社　幻冬舎

GENTOSHA

〒151-0051　東京都渋谷区千駄ヶ谷4-9-7
電話　03(5411)6211(編集)
　　　03(5411)6222(営業)
振替　00120-8-767643

印刷・製本所　中央精版印刷株式会社

Printed in Japan　ISBN978-4-344-02272-0
C0095

幻冬舎ホームページアドレス

http://www.gentosha.co.jp/

この本に関するご意見・ご感想をメールでお寄せいただく場合は、

comment@gentosha.co.jpまで。